DASEFÍOS SOBRE EL TECALDO

ALEJANDRO PRADO JATAR

ALEJANDRO PRADO JATAR

DASEFÍOS SOBRE EL TECALDO

Alejandro Prado Jatar©

ISBN: 978-0-9976857-1-8
Depósito legal: DC2016000760

Coordinación editorial: Roger Michelena
Diseño y diagramación: Mariano Rosas
Corrección: Jason Maldonado
Ilustraciones: Alejandro Prado Jatar

Primera edición. Noviembre 2016
Segunda edición. Octubre 2025

Contenido

PRESENTACIÓN

Recuerdo el encuentro inicial que tuve con ese duende mental que se llama dislexia. Incluso, lo guardo con intensidad y emoción porque también coincide con el día que conocí a la chica que iba a ser mi primer amor. Su nombre era Cristina y tenía 8 años de edad, al igual que yo.

Luego de pasar por un exitoso grado inicial de preparatorio, resolviendo comodísimas decodificaciones de dos sílabas y dominando a la perfección todas las letras del castellano al ritmo de las populares canciones de los abecedarios, llegué confiado a mi segundo grado. Esa sólida convicción infantil estaba muy lejos de percibir el más serio de mis obstáculos académicos: la lectura y la escritura.

Faltando una hora para terminar con la jornada de clases de ese primer día, la maestra Mirta me hizo pasar a su mesa de trabajo. Me pidió que realizara una lectura en voz alta sobre un tema del libro de nuestro curso. Para mayor sorpresa, la acción debía hacerse ante mis compañeros de grado. Algo inédito en mi sucinta experiencia estudiantil.

Salí al frente de la escena con bastante seguridad. Me dieron a leer una página sobre el río Manzanares, famoso curso de agua que pasa por el medio de una de las ciudades más antiguas del continente americano. Se trata de Cumaná, una cálida urbe localizada al oriente de Venezuela.

La línea inicial fue bastante fácil, pero al entrar a la segunda, el párrafo comenzó a desintegrarse. Primero en frases, luego en palabras y, finalmente, en letras individuales. Todas ellas dispersándose en un acelerado movimiento browniano.

No podía quedarme ahí parado sin decir nada. Amparado en el recuadro fotográfico del río Manzanares, se me ocurrió inventar una historia paralela, la cual comencé a imaginar y a relatar a la misma velocidad con que las letras del texto brincaban de manera atropellada en mi cabeza.

La maestra dejó que yo continuara narrando aquel pasticho de ficción. Mis compañeros no sabían si leer lo que estaba escrito en el libro o escuchar la fábula de un río venezolano, lleno de enormes animales polares y africanos.

Ese día mi dislexia estaba haciendo su debut en sociedad. Por fortuna, Cristina no estuvo presente para ese momento porque se raspó una de sus rodillas durante el receso y tuvo que retirarse a su casa más temprano. Su ausencia hizo que mi pena fuese más llevadera.

A partir de ese momento, aquellas tareas escolares que implicasen lecturas o redacciones se iban a convertir en situaciones desconcertantes. Algunas de ellas graciosas y otras bochornosas.

Los resultados negativos de mi actuación como estudiante de nivel elemental no se hicieron esperar. Mi primaria fue de tan bajo rendimiento escolar, que me forzaron a repetir el sexto grado porque simplemente no sabía leer ni escribir. Quedé rezagado de mi grupo original. Todos ellos se habían convertido en estudiantes de pre-bachillerato y se disponían a comenzar una etapa de formación nueva, retadora y con diferente color de uniforme escolar.

Por mi parte, yo también iniciaba otras asignaturas muy desafiantes. Pero no crean que eran cursos de lectura veloz o de escritura. En realidad, la dislexia me había enviado a tomar varias materias intensivas. Los primeros cursos fueron de decepción, tristeza y frustración prematura, pero luego vinieron las estupendas asignaturas de autoestima, perseverancia y disciplina.

Como los disléxicos no podemos leer con facilidad códigos y números, se tiene la creencia que, en compensación, tenemos la habilidad de descifrar el pensamiento de otros. Yo no sé si eso es verdad, pero recuerdo haber leído la pantalla mental de muchos compañeros, amigos y familiares cuando dije que iba a estudiar ingeniería. La duda en ellos fue elocuente. Escaneando sus pensamientos, todos dijeron telepáticamente lo mismo: 'Tú estás loco. No vas a pasar del primer semestre'.

Contra viento, marea, barriales, ríos y lluvias pude alcanzar varias metas universitarias en ingeniería y ciencias. Incluso, hasta logré aprender otros idiomas, los cuales sigo combatiendo en los campos de la pronunciación y la sintaxis. Pero lo que verdaderamente iba a ser insólito, y para lo cual ni yo mismo tenía la más remota esperanza, es que pudiera escribir un libro. Y aquí se los presento.

Esta compilación de relatos y anécdotas no trata sobre dislexia. En realidad, este libro lo concebí porque muchos amigos me instaron a que lo hiciera como parte de un ensamblaje de las historias que he compartido con ellos desde la aparición de las redes sociales. Obviamente, también lo realicé como un atrevimiento personal. Mejor aún, ha sido un acto individual de subversión en contra de los estorbos impuestos por esa disortografía genética.

Sin embargo, quiero confesarles que la dislexia es indomable. Tan solo me ha quedado el recurso de escribir para poder controlar sus artimañas. Algo así como combatir la candela con el fuego. Pero sigue ahí intacta, jodiendo y haciéndome pasar molestias, penas y situaciones inolvidables.

Situaciones como la vivida con el jefe de mantenimiento del edificio en donde estaba haciendo una pasantía. La primera vez que visité aquel lugar fui a la oficina de ese caballero a preguntarle algo irrelevante. Como no lo conocía, le di mis saludos mencionando solo su apellido, el cual estaba escrito en un tabloncillo sobre su escritorio. Lo estuve llamando señor De Vaina por una semana, hasta que uno de mis colegas me preguntó si ya me habían presentado al señor De Viana.

Igualmente, recuerdo la queja que me hizo Marcia, una amiga brasilera con quien estuve intercambiando muchas comunicaciones por *email* y quien me aseguró que su nombre no era 'Marica' y que por favor pusiera la 'i' en el orden correcto. De todas maneras, dejó claro que respetaba mucho a los movimientos LGBT.

Otro caso que deseo compartir se refiere a una noticia sobre Ben Carson. Supe de él por primera vez viendo una reseña publicada por un diario editado en lengua castellana. El artículo de prensa venía acompañado con una foto de ese médico y precandidato presidencial de color afroamericano. Miré de inicio la imagen de Carson y luego pasé a leer el titular: 'Negrocirujano' se lanza a la presidencia de los EE.UU. Por supuesto que la confusión fue grande. Tuve que releer la noticia un par de veces más para descubrir que la especialidad de Carson era 'neurocirujano'.

Gracias a Dios, ahora tenemos las computadoras. Cuando uno escribe en los diferentes formatos especializados para textos electrónicos, existe el apoyo del corrector automático que nos alerta sobre aquellas palabras mal apuntadas. Sin embargo, cuando se escribe en mayúscula, la ayuda desaparece.

Por esta razón es que este libro se titula *DASEFÍOS SOBRE EL TECALDO*. Como esas palabras fueron puestas originalmente en mayúsculas, pues no tuve la alerta en la pantalla.

Mi hija me pidió que lo dejara de esa manera, ya que esos errores reflejan en esencia mi limitación disortográfica, pero debo aclarar que el verdadero nombre del libro iba a ser 'Desafíos sobre el teclado'.

Dejémoslo así. Total, haber escrito este compendio ya de por sí fue un gran *dasefío sobre el tecaldo*. Además, es improbable que el título se vea envuelto en algún conflicto relativo a derecho de autor. Segurísimo que no existe un compendio con el mismo nombre, ni siquiera en idioma eslovaco.

Por cierto, las ilustraciones que anteceden a cada relato y anéc-dota fueron hechas por mí. Garantizo que ahí no hubo problemas gramaticales. Los disléxicos dibujamos bastante bien.

Un abrazo grande,

Alejandro

PRÓLOGO

La vida es como una larga anécdota que va cambiando de colores y sabores. Es un entretejido de cotidianidades, salpicado de momentos especiales y únicos. Dentro de ese flujo de eventos que corren por nuestra existencia, lo habitual y lo simple es sin lugar a duda lo que más abunda. Alejandro, a través de este libro, compiló una serie de momentos de su vida y decidió contarlos de una manera original. De una forma que definitivamente nos trae sonrisas y hasta reflexiones. Y es que estos escritos, e incluso sus ilustraciones, son pinceladas que van dibujando al autor que nos regala estas historias y anécdotas.

Tal como él lo confiesa, esta osadía intelectual se inició a modo de una necesidad terapéutica. Alejandro descubrió que los procesos continuos de aprendizaje y de escritura le ayudan a mantener a raya a la discapacidad 'deseada' que le acompaña desde sus primeros recuerdos.

La discapacidad 'deseada'; la dislexia, trae como resarcimiento cualidades no convencionales como creatividad, perseverancia, originalidad y gran paciencia. Y es que la naturaleza es sabia, porque sin esas cualidades sería imposible compensar el pastel mental con que a veces los disléxicos perciben al mundo. ¡Ah!, pero el don más resaltante que poseen los favorecidos por esta condición es el humor. Y es con eso como logran conquistar a los tantos exasperados que van encontrándose por las calles y rincones de sus vidas. Todo un mecanismo de supervivencia natural que habría deleitado a Charles Darwin.

Las historias y referencias que se develan en este libro son, en su mayoría, reales o derivaciones de experiencias reales. Todos sus personajes son verdaderos o nos recuerdan a alguien que alguna vez conocimos. Y lo digo así porque soy testigo de ello, ya que muchas de estas historias también pertenecen a mi patrimonio de vida.

Vida que por unas cuantas décadas he compartido con Alejandro. Un autor que decidió obsequiarnos sonrisas contando lo cotidiano y las cosas sencillas de nuestra existencia, que vistas con alegría, son las que elevan el espíritu y nos acercan a Dios por vía del agradecimiento. En fin, un autor que decidió desafiar a la dislexia a través de un teclado.

Mariana Torrealba-Prado

AGRADECIMIENTO

A todos aquellos quienes se atrevieron a corregir este libro. Apuesto que no fue fácil seguir el hilo de la lectura con tantas equivocaciones y traspiés a la vuelta de cada línea.

Pero 'no canten victoria'. Por ahí todavía seguro que quedan algunos gazapos escondidos y al acecho. Sobre todo, errores que se escudan en las frases escritas en mayúscula, en una esquina sin recodo o en algún cambio de página con baja iluminación.

A los colegas disléxicos. Personas ingeniosas y cansadas de escuchar siempre lo mismo: "pon más cuidado cuando leas o escribas".

LA MEMORIA INDISCRETA

Proyecto de guion para una obra de teatro en un solo acto. Inspirado en la vida de un personaje real.

Protagonistas:

* Don Cheo: individuo entrado en la edad dorada y dueño de un kiosco de venta de periódicos en donde ocurre esta historia.

* Medardo: joven adolescente. Ayudante en el kiosco y sobrino de don Cheo.

* Rómulo: cliente del kiosco. Hombre bonachón y amigo de don Cheo.

* Abilio: nuevo cliente. Caballero muy serio y de poca conversación.

* Transeúntes: pareja de novios, juez del distrito y su chofer, deportista en bicicleta y doña Vicenta.

ESCENA ÚNICA.

Día soleado y bullicioso. Cada uno de los personajes se irá acercando al kiosco 'La Esperanza', ubicado al frente de la Parada de Autobús Número 33.

Abilio arribando al kiosco y dirigiéndose a una persona mayor que atiende en el mostrador.

—Buenos días, señor. Por favor deme dos barras de chocolate Rey Zamuro[1], un jugo de naranja de medio litro y la última publicación de la revista El Faro sin Bombillo.

En el momento que Abilio termina de hacer su pedido, aparece súbitamente Rómulo.

Rómulo: —¡Epa! ¿Cómo está mi gran amigo, don Cheo, el más jovial de todos los kiosqueros de este municipio?

Don Cheo: —¡Hola, Rómulo! Tenía tiempo sin saber de ti. La última vez que te vi fue antes de que te arrestaran por el asunto ese de la evasión de impuestos de tu empresa. ¡Qué cosa!, ¿eh? Pero qué bueno que al final te liberaron. Espero que no hayas pagado mucho.

Rómulo: —Caramba, don Cheo, no diga eso. Además, de esa manera tan abierta. ¿Qué va a decir este caballero que está a mi lado? Usted es nuevo por aquí, ¿verdad? —refiriéndose a Abilio, quien se aprestaba a sacar la billetera para pagar por su pedido.

Abilio: —Ciertamente; acabo de mudarme a esta urbanización. Mucho gusto, Abilio Madriguera, a la orden.

Rómulo: —Un placer. Soy Rómulo Cigüeñales. Permítame presentarle a don Cheo. El dueño de este concurrido kiosco.

---

1. Rey Zamuro: Gigantesco buitre del continente americano.

Don Cheo: —Bienvenido. Aquí estamos para servirle. En reali-dad, mi nombre es Melquíades José Salmerón, aunque me conocen como don Cheo. Allá está mi sobrino Medardo.

Medardo: —Mucho gusto, señor.

Abilio: —Gracias a todos. Un placer conocerlos —y estrecha la mano a cada uno de los presentes en el kiosco.

Don Cheo: —Disculpe, Abilio. ¿Me puede repetir su pedido?

Abilio: —¡Claro! Por favor, deme dos barras de chocolate Rey Zamuro, un jugo de naranja de medio litro y la última publicación de la revista El Faro sin Bombillo.

Cuando don Cheo intenta buscar la solicitud de Abilio, se acer-ca una pareja de jóvenes muy acaramelados y de veinte años cada uno. Extrañamente, se dirigen a Medardo para ordenar su pedido.

Muchacho: —Hola, Medardo. Dame una caja de chicles con sabor a canela. Si no hay de canela, me la das de mango.

En ese momento don Cheo decide interrumpir el pedido para preguntarle algo al joven.

Don Cheo: —Qué bonita tu novia. Debe ser nueva porque esta no se parece a la que tenías antes...y mejor me quedo callado. No quiero ser imprudente.

Don Cheo continúa, pero ahora se dirige a la moza.

Don Cheo: —Te recomiendo a ese muchacho. Es una persona muy buena y bastante responsable. Ayer pasó por aquí y me dijo emocionado que iba a salir con una chica. Supongo que se trata de ti. Incluso, compró una caja de preservativos por si acaso.

Ahora don Cheo se dirige a los dos y, con voz de predicador comercial de televisión, les señala:

Don Cheo: —Mi consejo es que ustedes se cuiden en todo momento. Y si por casualidad no llevan bien su cuenta y además sospechan de algún retraso, vienen por aquí y compran estos nuevos *tests* de embarazo. Son certeros y a bajo precio. Los estoy promocionando. Así que, pueden venir con toda confianza. Aquí garantizamos el máximo secreto.

Lo sorpresivo del comentario dejó a la pareja sin palabras. La muchacha se retiró sin levantar su mirada y el joven fue tras ella con el fin de enmendar su rubor. La caja de chicles sobre la mano de Medardo fue lo único que quedó como testigo de la afrenta.

Tomando de nuevo el control de su compromiso de servicio y venta, don Cheo dirige su mirada a Abilio y, sin inmutarse, vuelve a preguntar: —¿Qué me dijo usted que quería?

A secas, Abilio respondió: —Deme dos barras de chocolate Rey Zamuro, un jugo de naranja de medio litro y la última publicación de la revista El Faro sin Bombillo.

Rómulo: —Pero bueno, don Cheo, atienda a su clientela con dedicación. Me parece que el señor Abilio está apurado.

Abilio: —Tráteme con menos formalidad. Por favor, dígame 'Abilio' solamente. Además, no se preocupe; aunque estoy apurado, soy una persona muy paciente.

Cuando don Cheo se disponía a abrir la nevera para buscar el medio litro de jugo de naranja, se escuchó un frenazo en la calle, a muy poca distancia de la Parada de Autobús Número 33, la cual estaba repleta de transeúntes.

ÑÑÑÑKKKKKQQQQQ (Sonido del frenazo).

Era el vehículo del doctor Benjamino Perdomo, conocidísimo juez del distrito. Dicho automóvil, manejado por el chofer del magistrado, debió detenerse drásticamente para evitar atropellar a un perro que se aventuró a cruzar la vía en un momento que la luz del semáforo le era menos favorable. Menos favorable para el perro, claro está.

Por fortuna, el chofer del doctor Perdomo pudo sortear al intruso cuadrúpedo, salvándole la vida al animal y ahorrándole una lavada al vehículo del juez.

Al instante, todas las personas al frente de la parada aplaudieron la maniobra del conductor. En reciprocidad a la aprobación del público, el especialista en leyes y el chofer bajaron sus respectivas ventanillas para saludar a la concurrencia y agradecerles los aplausos.

Cuando los ocupantes del automóvil se disponían a subir sus vidrios, don Cheo le gritó al juez de manera efusiva y adulante:

—¡Así es como se hace, doctor Perdomo! Por eso es que la gente le tiene gran admiración. Aquí estamos a su orden. Le recuerdo que ya llegó la edición más reciente de la revista *Playboy*. Se la voy a guardar porque usted ya la pagó. Le va a encantar esta última publicación porque está muy, pero muy picante. Sobre todo, con muchas mujeres desnudas. Tal y como a usted le gusta. Por cierto, también dele mis saludos a su esposa.

Desde adentro del vehículo se observó como el conductor del doctor Perdomo trató de contener la ira de su jefe para que no saliera. Lo agarró como pudo. Primero por la corbata y luego por la correa. Además, trancó los seguros de las puertas, al tiempo que subía las ventanillas eléctricas para conjurar alguna respuesta del magistrado o cualquier alarido soez no cónsono con la investidura de su cargo. Se retiraron velozmente. Sin embargo, pudo verse con facilidad cómo el doctor Perdomo todavía echaba espuma por la boca.

Minutos después, llegaría otra vez la calma al kiosco y a la Parada Número 33.

Don Cheo a Abilio: —Usted me pidió un jugo de naranja, ¿verdad? ¿Usted quiere el jugo de un cuarto de litro o de medio litro?

Abilio: —Le he dicho varias veces que quiero un jugo de medio litro —se expresó el cliente con un aire de molestia y dejando pasar un suspiro de hastío por la falta de atención a su pedido.

Don Cheo: —Perdone, es que el frenazo me sacó de concentración. Pero qué bueno que pude saludar a mi buen amigo, el doctor Perdomo.

Antes de que don Cheo hiciera entrega del envase de jugo a Abilio, se hizo presente un ciclista con una recargada vestimenta de explorador. El estrafalario personaje entró escurridizamente por detrás del kiosco.

Ciclista: —¡Cheo del alma! Necesito lo que tienes en la mano —y el deportista le arrebató el envase.

Ya montado en la bicicleta, el atleta intempestivo gritó en retirada: —Estoy apurado porque voy tarde a una competencia de supervivencia y me están esperando, si no llego a tiempo me quitan puntos. Te pago el jugo después, cuando regrese. Deséame suerte, chaoooo…

Sorprendido, don Cheo le reclamó al ciclista: —¡Pero qué abuso! Con razón tu esposa se queja de ti. Ella me confesó que tú todo lo quieres hacer rápido, loco de carretera.

Medardo: —No entiendo lo que dice, tío. Usted siempre me recomienda que debo cumplir todos mis deberes al momento y ahora se queja de que hacer las cosas rápidamente es malo. Me puede explicar eso, ¿ah?

Don Cheo: —Pregúntaselo más bien a estos caballeros, ellos te pueden explicar mi comentario —respondió el viejo kiosquero, refiriéndose a Rómulo y Abilio.

Abilio: —A mí no me meta en eso. *Yo no tengo velas en ese entierro.* Lo que deseo es que me dé lo que le he pedido.

Don Cheo: —¿Me puede repetir lo que quiere? El lunático de la bicicleta me desconcentró.

Sin ningún recato y más que molesto, Abilio clamó: —DOS CHOCOLATES REY ZAMURO, UN JUGO DE NARANJA Y UN EJEMPLAR DE LA REVISTA EL FARO SIN BOMBILLO.

Don Cheo: —Está bien. No se moleste. Baje la voz, eso es malo para la salud. ¿De qué tamaño quiere el jugo?

Abilio: —¡Del tamaño que a usted le dé la gana!

Don Cheo: —Se lo voy a dar en un envase de medio litro. ¿Está bien ese tamaño?

Abilio: —¡Sí, sí, sí! … ¡Démelo YA!

Don Cheo finalmente le entrega a Abilio el deseado y esquivo jugo de naranja.

Abilio: —¿Y lo demás?

Don Cheo: —¿Cuál demás?

Abilio, Rómulo y Medardo, en coro: —¡LOS CHOCOLATES REY ZAMURO Y EL EJEMPLAR DE LA REVISTA EL FARO SIN BOMBILLO!

Don Cheo: —¡Guao! Qué buena memoria tienen ustedes. Déjenme buscar la revista y los chocolates en la despensa detrás de la nevera —y se retiró.

Estando don Cheo en pleno desembalaje de las cajas portadoras de las nuevas revistas, Medardo comienza a dar unos alaridos para llamar la atención de una dama que caminaba en la acera del frente.

Medardo: —¡SEÑORA CANOSA!, ¡SEÑORA CANOSA!, ¡SEÑORA CANOSA!, venga para acá, por favor. Sí, usted, la de la blusa roja. Venga, venga, venga.

La referida dama de la blusa roja, un poco desconcertada, se acercó al kiosco para saber el motivo del escándalo dirigido a ella.

Señora de la blusa roja a Medardo: —¿Quién te dijo que yo me llamo Canosa? ¿Dónde inventaste eso? Ese no es mi apellido. Yo me llamo…

Antes de que concluyera con su identificación, Medardo la interrumpió con aplomada cortesía.

Medardo: —Yo sé bien su nombre completo. Usted se llama Vicenta Cabello Blanco. Hace unos días usted dejó aquí su cédula de identidad y mi tío me dijo que la podía llamar señora Canosa, por lo combinado de sus apellidos.

Vicenta: —¡Qué muchacho tan imprudente y majadero! No me sigas llamando señora Canosa. Eso es una falta de respeto. Además, quiero que me den mi cédula de identidad. ¿Quién la tiene?

Medardo: —La tiene mi tío Cheo.

El joven ayudante, un poco apenado, apuntó su voz hacia el rincón de la despensa del kiosco, detrás de la ruidosa nevera, para anunciarle a su tío sobre la presencia de la dueña de la cédula de identidad en cuestión.

Medardo: —Tío Cheo, aquí está la señora Canos… perdón, aquí está la señora Vicenta Cabello Blanco.

Don Cheo, desde lo profundo de la despensa: —¿Esa no es la señora Canosa?

Medardo: —Sí es ella… ¡Perdón!, no es ella. Bueno, sí es ella, pero no… Tío es mejor que usted se acerque. Ella quiere su documento de identidad.

Don Cheo: —Creo que tengo su cédula en mi bolsillo. Mejor reviso … ¡Aquí está! … ¡Oye!, la señora Canosa cumple 50 años la próxima semana. Se ve muy bien para ser tan vieja. Imagínate que tiene la misma edad de tu tía Chula, quién ya es abuela. Dile que se espere un rato. Apenas termine aquí, voy para allá.

Tres minutos más tarde apareció don Cheo con una revista en la mano y dos cajas medianas en la otra, lo cual hace suponer que es el resto del pedido de Abilio.

Don Cheo: —¿Y la señora Canosa dónde está?

Medardo: —Se fue. Parece que el documento de identificación tiene un error porque la señora Vicenta le dijo a don Rómulo que el año de su nacimiento no era el correcto. Además, mandó a decirle a usted que venía más tarde porque ella fue a comprar un lanzallamas para quemar una plaga que hay en nuestro vecindario.

Don Cheo: —Seguro volverá. De cualquier manera, vamos a hacerle el favor de poner esta cédula aquí en la caja registradora, a la vista de todos los clientes. A lo mejor alguno de sus vecinos le puede hacer llegar primero este plástico a su casa o apartamento.

Don Cheo a Abilio: —Aquí tiene lo que usted pidió.

Abilio: —¡Coño! … ¡QUÉ TORTURA! Yo no pedí chicles de mango ni mucho menos una revista de *Playboy*.

Don Cheo: —Pero bueno… ¿Qué fue entonces lo que usted pidió? ¡Hable claro!

Abilio, ya vencido: —Déjelo así, don Cheo. Voy a tomar la revista. Al menos esta tendrá más brillo que la otra. Además, me la llevo ahora mismo. No vaya a ser que venga algún juez y se le ocurra prohibir su circulación. Los chicles se los regalo a Medardo.

Don Cheo: —Me alegra muchísimo que haya quedado plenamente satisfecho. Por aquí lo esperamos otra vez. Estamos a sus órdenes y siempre listo para servirle en todo lo que quiera.

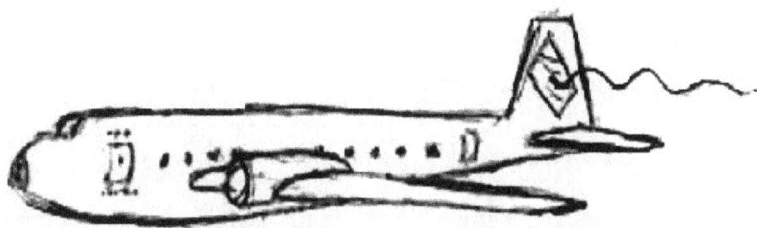

SOBERANA DE AVIACIÓN EN EL AIRE

Parte I. ¿CUÁL SERÁ EL NOMBRE DEL AVIÓN?

Durante la espera por el anuncio de abordaje a mi vuelo con destino a la ciudad de Coro, capital del estado Falcón, comienzo a percatarme de lo afortunado que soy. Por cosas del azar, tengo la oportunidad de ser uno de los primeros pasajeros de una nueva línea aérea nacional. Me refiero a la inaugural empresa Soberana de Aviación Compañía Anónima, SOBACA.

Años de esfuerzos e inversiones de capital privado y gubernamental han traído como resultado el lanzamiento de esta línea aérea de bandera venezolana, signada por una marcadísima tendencia a promover nuestros valores históricos y culturales.

Deseaba adelantarme a todos los eventos y detalles de este vuelo. Mi emoción brotaba por los poros y, en el momento de mayor expectación, vi aparecer repentinamente a la tripulación completa de la aeronave.

El silencio del público en la sala de espera se expandió como una bomba muda al ver que, presuntuosos y con un andar marcial, el capitán, el copiloto y los sobrecargos, mostraban sus uniformes de liqui-liqui[2] blanco y sombreros de pelo e guama[3]. Asombro en todos causó también la utilización de alpargatas negras como calzados obligatorios de trabajo. Por fortuna, les era permitido el uso de medias oscuras, las cuales impedían la salida libre de los dedos peludos por los orificios de esas típicas pantuflas llaneras, trayendo esto una mayor sobriedad en el andar de los caballeros de abordo.

El diseño de vestimenta para las aeromozas tampoco pasó inadvertido. Eran trajes de doble falda y de un estilo similar al utilizado en el baile de La Burriquita[4]. Emblemáticas se veían las pañoletas cubriendo sus cabelleras, así como los faralaos que abultaban sus partes pudendas. Obvio que a las damas sí se les estaba permitido asomar sus dedos libres a través de los orificios de sus alpargatas multicolores y con motas en los empeines. Me pareció un poco chauvinista que sobre la mota izquierda se destacaba la palabra VENE, en tanto que, en la borla derecha se leía la palabra ZUELA.

Un militar, sentado a mi lado, me comentó que esta nueva empresa había adoptado la brillante idea de identificar a sus aviones grandes con nombres de comidas o platos típicos del país. Asimismo, los aeroplanos de menor tamaño, usados para vuelos rurales, fueron bautizados con nombres de reconocidos postres nacionales. Por ejemplo, él me contó que su superior inmediato tenía planeado viajar a Margarita en el «*Pastel de Chucho*» y que, posteriormente, su conexión con la Isla de Coche la iba a hacer en el «*Buñuelos*».

---

2. Liqui-Liqui: Traje típico de los llanos colombianos y venezolanos, mayormente usado como atuendo masculino en fiestas y actos sociales.
3. Pelo e' guama: Sombrero de ala ancha y confeccionado con tela de fieltro.
4. La Burriquita: Baile folklórico del oriente de Venezuela.

Me asomé al ventanal de la puerta número dos y me di cuenta de que la nave de SOBACA con destino a San Fernando de Apure era el «*Carne Mechada*». Más allá logré divisar los aeroplanos con rumbo a Barquisimeto y Ciudad Guayana. El aparato escogido para ir a la capital del estado Lara era un DC9-50, identificado con el apodo de «*El Mondongo*», mientras que la aeronave elegida para viajar con dirección a la zona del hierro, la empresa SOBACA había asignado el «*Sopa de Rabo*». En fila india, los aviones iniciaron las maniobras de carreteo, con el fin de entrar en la pista de servicio.

Un joven con aspecto de seminarista y recostado al vidrio, al percibir mi interés por conocer el nombre de nuestra aeronave, me señaló que el vuelo para Coro debía hacerse en «*La Hallaca*».

De inmediato, nos interrumpió un señor mayor con cara de lanchero, quien burlonamente dijo: —A mí me gustaría volar dentro del «*Bollo Pelón*».

Esa expresión soez fue rechazada *ipso facto* por nosotros y por unas damas ubicadas al frente del viejo baboso.

En franca actitud de espera, vi llegar la aeronave que nos llevaría a nuestro destino. Se trataba del aparato previamente identificado por el joven seminarista. Era un Boeing 737 color ocre y con el nombre escrito en la puerta de acceso. En realidad, dicho avión no requería de ninguna otra identificación adicional, ya que el mismo presentaba en su timón (alerón de cola) un inmenso dibujo de una hallaca de más de nueve metros cuadrados. De la parte central del dibujo se desprendía un mecate de aproximadamente cuatro pulgadas de diámetro y siete metros de largo. Esta gruesa cuerda simulaba y hacía las veces de la cabuyita[5] que sostiene amarradas las hojas de plátano que envuelven a este conocido tamal criollo.

---

5. Cabuyita: Cuerda muy delgada hecha con hebras de algodón.

Tal y como era de esperarse, el vuelo estaba al cien por ciento de su capacidad. Atendí al llamado de entrada y caminé hasta el final del avión, en virtud de que mi asiento era uno de los últimos. Mi vecino de puesto daba la impresión de ser un expatriado. Algo así como un norteamericano al servicio del negocio petrolero. Botas texanas, maletín de *laptop*, libro *'bestseller'* debajo del brazo, ejemplares recientes del *Wall Street Journal,* grueso anillo de oro inserto apretujadamente dentro de un dedo del tamaño de una zanahoria, estatura de dos metros de alto, piel blanca con manchas fucsia típicas de insolación y más de cien kilogramos de peso validaban el hecho de que se trataba de un gringo. Apenas me senté a su lado, el foráneo gigantón sonrió y me dijo en perfecto dialecto maracucho:

—Qué molleja, primo. El avión está lleno hasta 'er buche'. Maginate[6] que de verga entro yo.

Segundos después, el altoparlante de abordo anunció:

—Soberana de Aviación Compañía Anónima, SOBACA, le da la bienvenida a su vuelo 721, con destino al Aeropuerto José Leonardo Chirinos de la ciudad de Coro, en el estado Falcón. Cumpliendo con regulaciones nacionales e internacionales, ahora les demostraremos el uso apropiado de los equipos de salvamento y vías de escape —precisó la azafata de mayor jerarquía.

De no haber prestado atención visual a las recomendaciones hechas por la aeromoza, todo hubiese parecido harto común a lo observado en otras líneas aéreas. Por fortuna, pude abstenerme de soltar una carcajada al ver a esas muchachas modelando el uso del chaleco salvavidas sobre unas vestimentas tan folklóricas.

---

6. Maginate: Expresión zuliana que debe entenderse como 'imagínate'.

El avión comenzó a ser remolcado por las unidades de servicio del aeropuerto y luego fue colocado presto a enfilarse a la pista principal. El capitán anunció por los altavoces internos el permiso de salida dado por la torre de control y, seguidamente, narró los guarismos infaltables de altitud, velocidad y duración exacta del viaje.

Tal y como ocurre siempre al momento del arranque de la nave, se estableció un período de omisiones de frases entre los pasajeros. Me refiero al silencio nervioso que de manera natural se apodera del pasillo y que solo se rompe una vez que el avión logra alzar el vuelo.

Pues bien, este mutis expectante se alargó mucho más de lo esperado. Primero se oyó un TACA, TACA, TACA, TACA, estruendosísimo. Luego, cuando el avión alcanzó una velocidad aproximada de 200 km por hora, el ruido cambió de ritmo y se empezó a escuchar un TRACATÁ, TRACATÁ, TRACATÁ. A medida que la velocidad del avión fue aumentando, la bulla se trasformó en un TRRRRRRR. Cuando la nave logró alzar vuelo, el sonido se había convertido en un VRRRRRRR. A los 10.000 pies de altura el ruido se homogeneizó en un relajante ZZZZZZ, mucho más armónico, más tolerable y sobre todo, menos angustiante.

El motivo de tan singular ruido se debió al mecate fijado al dibujo de la hallaca, el cual comenzó a golpear rítmicamente el alerón de cola a medida que la aeronave aceleraba para concretar su despegue.

Parte II. EN EL CIELO.

Una vez estabilizada la altura y la velocidad de crucero, se dio inicio al servicio de comidas y bebidas. Mi asombro fue mayúsculo cuando observé que de la zona de primera clase apareció una carretilla angosta y humeante, en donde la tripulación de abordo preparaba nada menos que: ... ¡CARNE ASADA!

Me pareció algo inusual la elaboración de una parrilla dentro de un avión. Sin embargo, la sorpresa se convirtió en un reconocimiento de admiración al ver que, mientras la aeromoza en jefe anunciaba las opciones de chuleta, punta trasera o pechuga de pollo para el almuerzo, un sobrecargo ventilaba azarosamente los carbones con un cartón diminuto. También era encomiable el esfuerzo que hacía una de las azafatas para evitar la molestia del humo frente a su cara en los momentos en que ella efectuaba los cortes de la carne. Sudando a borbotones, con el ceño fruncido y ojos llorosos casi cerrados (como si estuviera en presencia de una ventisca de arena), fueron síntomas inequívocos de la voluntad que hacía la empleada para realizar bien su trabajo.

Un gringo, uno de verdad, no entendía lo que sucedía. En particular, se mostró reacio a tomar bebida alguna, ya que no tenía idea de lo que le ofrecían para calmar su sed o para acompañar su condumio. Era tácito que en los vuelos de SOBACA estaba absolutamente prohibido servir gaseosas convencionales. En su lugar, ofrecían carato de maíz[7], papelón con limón[8], chicha[9] y tres en uno[10].

El norteamericano intentó averiguar de qué se trataban esas extrañas bebidas, preguntándole al servicio de abordo.

—*Ma'am, would you please explain to me what those beverages are?* —dijo el extranjero.

---

7. Carato de maíz: Bebida hecha con maíz fermentado y mezclado con harina de yuca: Ambos ingredientes son disueltos en agua caliente.
8. Papelón con limón: Limonada endulzada con melaza.
9. Chicha: Batido preparado con pasta de arroz cocido, mezclado con leche condensada y canela.
10. Tres en uno: Jugo compuesto por extractos de remolacha, naranja y zanahoria.

—*This fermented drink is called 'Corn's Karat'. This brown one is the famous 'Big Paper with Lemon'. The creamy one is 'Rice Milkshake'. And, finally, this red beverage is known as 'Three in One'* —contestó la azafata.

El gringo quedó prácticamente en la misma situación, a lo que entonces procedió a buscar una pequeña botella de agua mineral que guardaba en su morral de viajes.

A mitad del pasillo se escuchó una sutil discusión entre uno de los pasajeros y el mismo sobrecargo que ejercía la función de avivar el fuego de la parrillera móvil. Se trataba de un alto funcionario de la embajada de un país del Sureste Asiático, quien viajaba por razones de trabajo.

El diplomático le indicó al empleado que él era un hombre estrictamente vegetariano y que necesitaba que le dieran una opción de comida acorde con su hábito alimenticio. Otro de los reclamos que le dio a entender al personal de abordo fue que toda su ropa se había impregnado de olor a carne a la brasa y eso pudiese ser mal visto, y en particular olfateado, por los coterráneos que lo esperaban en el aeropuerto.

El sobrecargo, de forma muy amable, le presentó sus excusas en nombre de la línea aérea y le dispensó un plato con dos inmensos toletes de yuca, aderezada con mojito[11] y perejil.

Para solucionar el problema del olor en su ropa, una de las aeromozas le facilitó tres bolas de naftalina con el objeto de enmascarar la fuerte emanación de carne asada que expelía de su vestimenta ahumada.

---

11. Mojito: Vinagreta elaborada con ajo y limón.

Parte III. LOS PEQUEÑOS INCONVENIENTES DE SIEMPRE.

Al inicio, la repartición de la carne se hizo con muy pocos contratiempos. Apenas ocho pasajeros del pasillo sufrieron alguna que otra quemadita como consecuencia de la movilización del fogón ardiente. No obstante, la tranquilidad del vuelo se vio interrumpida cuando uno de los últimos viajeros reclamó que, por estar ubicado al final del avión, tan solo le habían ofrecido pechuga de pollo.

—¿Usted cree que voy a tomar el vuelo inaugural de esta línea y me van a 'ningunear' con una pechuga de pollo y yuca sancochada? —replicó, molesto, el usuario.

—Bueno, señor, le puedo ofrecer una morcilla que tengo aquí abajo —respondió el sobrecargo.

—¿Cómo es la vaina?... ¡Usted es un insolente! —vociferó el pasajero.

De inmediato, el asistente de abordo le aclaró: —No señor, creo que me malentiende. Yo me refiero a unas morcillas frescas que guardo debajo de la parrillera. Incluso, le hubiera ofrecido chorizo carupanero[12], pero se acabó porque muchas personas de los primeros asientos lo pidieron.

—¡CHORIZO CARUPANERO!, ¡CHORIZO CARUPANERO!... Con lo que me gusta el chorizo carupanero y usted me viene a decir con su cara bien lavada que ya no hay más de ese chorizo — gritó el hambriento individuo.

La discusión se tornó un poco agria y algunos usuarios vecinos trataron de calmar al caballero sin almuerzo. De hecho, el vocerío alcanzó a ser escuchado por uno de los viajeros, quien minutos antes

---

12. Chorizo carupanero: Salchichas muy ricas en condimentos, hechas en la población de Carúpano, estado Sucre. Venezuela.

había sido favorecido por el otorgamiento de la mencionada longaniza. Solo que, por embasurarse[13] con yuca y natilla, no le fue posible comerse la apetecida pieza de carne oriental.

Para evitar males mayores, el dueño del chorizo en referencia se levantó de su puesto delantero y le hizo señas al sobrecargo.

—Yo no tengo ningún problema en obsequiar mi chorizo —dijo con voz amable. Hasta le mencionó al asistente de abordo que ni siquiera lo había probado. Además, su chorizo estaba entero y todavía caliente.

El sobrecargo y el pasajero hambriento no vieron ningún inconveniente en aceptar la noble propuesta del usuario ubicado casi al frente de la puerta de la cabina de comando. Sin embargo, por el hecho de estar localizado a tanta distancia de la zona de discusión, separado por un pasillo lleno de gente, bloqueado por la carretilla con el fogón ardiente y secundado por el carrito de las bebidas criollas, fue necesario establecer una cadena de traspaso entre todos los pasajeros, con el fin de movilizar al chorizo.

La pieza salió envuelta en varias servilletas, pero a lo largo del camino fue perdiendo cada una de ellas, hasta pasar por las manos del diplomático vegetariano, quien por evitar el 'manoseo' del chorizo, involuntariamente le hincó una uña a la piel de la salchicha, generando con esto la salida de un chorro de grasa que fue a parar en su túnica blanca.

¡Qué bochorno! Escuchamos muchas palabras en su idioma nativo y hasta algunas expresiones en un inglés con fuerte acento de Oxford o de la Cámara de los Lores del Reino Unido. Pero tan solo

---

13. Embasurarse: Significa saciar el hambre exclusivamente con aperitivos, momentos antes de traer el plato principal.

era puro acento porque las frases chapuceras que salían de ese funcionario parecían las de cualquier estibador del muelle de Londres. Por razones obvias no conviene traducir lo expresado por el extranjero. Las relaciones diplomáticas entre Venezuela y ese país podrían estar en juego.

Por cierto, se me olvidó comentarles que el chorizo arribó a su destinatario. Claro, con menos grasa. El pasajero de atrás sació su hambre y su honor, lográndose así superar el desagradable *impasse* con los miembros de la tripulación.

Parte IV. LA CALMA MUSICAL Y LA LLEGADA.

Luego de servida la comida, el mismo sobrecargo de la parrilla junto con dos de las azafatas, se hicieron presentes en el fondo de la aeronave. Pasaron caminando apuraditos, con una sonrisa picarona y un cuchicheo[14] entre ellos. Luego entendí el porqué.

Se sentaron en unos taburetes de madera y esgrimieron unos instrumentos musicales. Arpa, cuatro y maracas rompieron el silencio del avión para dar entrada a la ejecución de joropos llaneros. Debo confesar que el *performance* era bastante bueno, al tiempo que yo murmuraba que lo único que faltaba en este vuelo era el desfile de algún caballo de paso por el medio del pasillo del avión.

Dicho y hecho, dos aeromozas sacaron a una yegua que venía apretujada en el sanitario de uso exclusivo para la tripulación. El animal estuvo caminando elegantemente por un buen rato a lo largo de la nave, dejando claro que era un equino que controlaba su paso y hasta sus esfínteres, ya que ni por asomo se hizo presente ningún

---

14. Cuchicheo: Secreto que se dice al oído de un amigo, pero en presencia de gente extraña.

tipo de excreción nauseabunda en el pasillo o sobre algún pasajero desprevenido.

Valses, pajarillos[15], quirpas y bambucos hicieron el deleite de los presentes. Obviamente, el final de ese evento musical estuvo representado por la entonación del 'Alma Llanera'. Todos cantamos. Quien más gritaba de emoción era el señor del chorizo carupanero. Hasta el capitán y el copiloto corearon a dúo por el altavoz.

Transcurrido un tiempo prudencial, el avión comenzó a descender, lo cual anunciaba el cercano arribo a Coro. Las aeromozas recogieron a la yegua y la introdujeron al baño privado de la tripulación. Los músicos guardaron sus instrumentos y el capitán recordó a los pasajeros el acoplamiento de cinturones de seguridad y el enderezamiento del respaldar de los asientos.

Cuando estábamos aproximándonos a la pista y al ir desacelerando, la aeronave presentó un ruido familiar. Se volvió a escuchar el VRRRRRRR, luego apareció TRRRRRRR. Al tocar tierra retumbó el TRACATÁ, TRACATÁ, TRACATÁ y, para finalizar, oímos el estruendoso TACA, TACA, TACA del mecate del alerón de cola. Aparte de este detalle sonoro, el aterrizaje y taxeo del avión se efectuó de manera impecable.

Confieso que este viaje fue una experiencia gratamente singular, acompañada de algunos hechos originales. Recuerdo también haber escrito una carta de reclamo que dejé en el buzón de sugerencias, recomendando el desmontaje de las imágenes de El Libertador en los baños de la sala de espera para el abordaje. Eso de hacer alguna necesidad fisiológica bajo la mirada intrigante de nuestro máximo

---

15. Pajarillo. Tipo de joropo de intensa velocidad y que se interpreta en los llanos colombo-venezolano.

prócer es algo muy intimidatorio. Según me reveló una usuaria, por lo menos la línea aérea tuvo la precaución de poner un cuadro de Luisa Cáceres de Arismendi[16] dentro del baño de las mujeres.

Solo guardo con desagrado un persistente ulular al borde de mis oídos. Espero que la próxima vez que se les ocurra hacer carne asada dentro del avión, le digan al capitán que desconecte la alarma de detección de humos.

---

16. Luisa Cáceres de Arismendi. Heroína de la independencia de Venezuela.

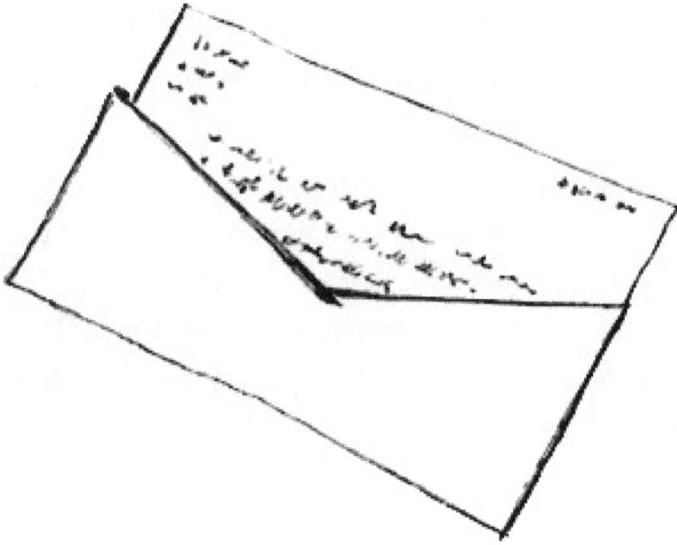

A PRIORI

Parte I. YO NO SÉ NADA.

Las academias y las universidades son generadoras y tesoreras de conocimiento, pero no necesariamente son garantes de sabiduría. Conocimiento es muy distinto a sabiduría. Quizás este relato pudiera ayudar a aclarar la diferencia entre ambos términos.

Empecemos por indicar que la sabiduría es un don evasivo, pero que se hace presente cuando las personas están en plena conexión con la naturaleza. No es de extrañar que la mayoría de los individuos poseedores de esta facultad surjan de las comunidades indígenas o pobladores con fuerte arraigo a sus tierras y paisajes ancestrales.

Tal es el caso de Ylimahi, un chamán y artesano de una zona indígena localizada entre dos países del continente americano. Este señor, de edad medianamente avanzada, había quedado viudo hacía poco tiempo. Sin embargo, su tristeza estaba siendo amortiguada por el gran obsequio dejado por su consorte: tres hijas de arrebatadora belleza y ternura. Todas ellas en edad de casamiento.

La artesanía de Ylimahi era de buen gusto y de sobresaliente calidad. En 1990 instaló un negocio comercial de sus obras situado en un tramo carretero de alta circulación. La tienda vivía llena de gente, tanto por los que iban a comprar sus artes, como también por los 'asomados' galanes que se dejaban colar dizque para adquirir algo, pero su objetivo soterrado era la conquista de alguna de las hijas. A *vox populi* se decía que en ese sitio hasta los miopes quedaban deslumbrados ante tanta hermosura femenina.

Las propuestas de noviazgo eran permanentes y llegó el día en el cual las chicas le preguntaron a su progenitor sobre la manera de como ellas pudieran elegir, *a priori*, a sus pretendientes.

El padre le hizo entrega de una larga y complicadísima lista de virtudes que una mujer debería ver en su futura pareja. Sin embargo, este chamán solo poseía la maestría y conocimiento destinado a conquistar mujeres. Ylimahi adolecía de la pericia para ilustrar a sus hijas en cómo reconocer las señas básicas e iniciales en la escogencia de sus futuros esposos. Y es aquí cuando la sabiduría de este hombre se hizo presente.

Lo primero que hace una persona ilustrada al momento de no entender algo es: Preguntar… luego, la sabiduría se encargará de ayudarlo a localizar a alguien capacitado a quien se le debe consultar.

Su fundamento y lógica lo guió al sitio en donde hallaría la información más acreditada, actualizada y experimental sobre la naturaleza básica de los hombres: … Los lupanares.

Parte II. QUIENES SÍ SABEN.

Las casas de citas son organizaciones muy parecidas a las universidades. Allí se enseña de todo. Tal y como ocurre en las escuelas y centros de investigación, en esos sitios los secretos tienen su último destino. Es aquí donde las incógnitas son develadas y salen a la luz; a media luz, para ser exacto. Además, es evidente que la primera profesión conocida por el género humano haya surgido de estas singulares academias de la tolerancia.

Ylimahi era muy popular en su comunidad, no solo por su elocuente apoyo como consejero, sino también por su trabajo voluntario para preservar los valores culturales y las costumbres de su grupo étnico.

Las damas de las mancebías no escapaban a este reconocimiento. Le tenían un gran respeto y admiración, por lo que no dudaron ni un instante en prestarle esmero.

Ylimahi se reunió con ellas y les hizo la siguiente súplica:

—Acudo ante ustedes con la mayor expectativa de conseguir una información que no es fácil de encontrar en biblioteca alguna y creo que aquí podrán facilitármela.

La mujer de mayor edad respondió: —Para nosotras es un gusto atenderlo. Usted dirá, señor Ylimahi.

El chamán comentó: —Los médicos con experiencia y con gran poder de observación casi siempre saben, *a priori*, lo que tiene un paciente antes de auscultarlo. Exploran por conveniencia y respeto, pero prácticamente confirmarán lo que ellos detectaron a primera vista.

—Muy interesante lo que dice. Sin embargo, ¿qué tiene que ver eso con nosotras? —interrumpió una de las madamas.

—Pues bien. Ustedes también poseen una gran capacidad de observación. Conocen la naturaleza de los hombres, las virtudes y habilidades. Detectan el miedo y la seguridad entre ellos. Incluso, las bondades y sus defectos. Estoy convencido de que eso lo ven ustedes *a priori* —precisó Ylimahi.

En concordancia a lo dicho por el chamán, la más joven de las cortesanas reveló: —Eso es cierto. No hay forma de que un hombre escape a nuestras radiografías.

—Quiero, por favor, pedirles que me den unos consejos. Una guía para poder ayudar a mis hijas—. Luego el chamán agregó: —Me gustaría decirles a mis herederas cuáles son las cosas que, al inicio, necesitan observar y saber para escoger bien a las personas con quienes saldrán por primera vez. En otras palabras: cuáles son esas señas que delatan, en pocos minutos, las virtudes de esos pretendientes.

—Delo por hecho, señor Ylimahi. Venga mañana temprano para darle la información que pide. Entre todas juntas le vamos a preparar esa guía. Y muchas gracias por confiar en nosotras —expresó la fémina de mayor edad.

Parte III. LO PRIMERO A VECES NO ES TAN OBVIO.

A la mañana siguiente Ylimahi fue a reunirse con sus consultoras, quienes salieron al encuentro con la encomienda ya terminada. Luego de los saludos correspondientes, las damas le entregaron un papel con tan solo cinco escuetas referencias.

El desconcierto de Ylimahi fue evidente y una de las señoras le dijo:

—No se sorprenda por lo breve del contenido. Es una guía corta, pero muy eficaz. Léala con cuidado y nosotras luego le explicaremos.

Ylimahi comenzó a narrar en voz alta las sucintas reseñas:

—"1. Observe sí el pretendiente muestra joyas de oro tales como cadenas, esclavas, anillos grandes o eslabones; 2. Escuche bien lo que dice el candidato durante los primeros minutos de conversación; 3. Pregunte al mozo qué lleva en la cartera; 4. Indague si tiene pasión por la velocidad; 5. Vea con detalle qué tipo de vehículo posee el pretendiente".

Luego de leer la reducida carta, el grupo quedó a merced del silencio. Por la mente de Ylimahi pasaron muchas interrogantes.

¿Qué cosas de valor podrían salir de esas cinco observaciones tan primarias? ¿Cómo es posible que las virtudes de algún futuro pretendiente de las hijas se basen en oro, dinero, carros, oratoria y pasión por la velocidad?

La más experimentada de las damas rompió el silencio y dijo al chamán:

—No crea que esas reflexiones y preguntas son superficiales. Detrás de cada una de ellas hay verdades que usted ni se imagina. Esto que le vamos a decir es información privilegiada y de mucha utilidad para sus lindas herederas.

Luego tomó el turno la de mayor estatura del grupo:

—La ventaja de la guía es su simplicidad. Además, su alcance está experimentalmente comprobado por nuestro gremio. Lo que tiene usted entre sus manos es una prueba fidedigna de cómo descartar o escoger a los futuros novios de sus hijas. Concentrémonos ahora en la explicación.

De seguido, cada una de ellas fue contribuyendo en ilustrar el significado de esas extrañas referencias:

—El hombre que exhibe joyas de oro y de aparatoso tamaño es un pobretón nuevo rico. Desea mostrar más de lo que es en realidad.

Esconde su carencia espiritual e intelectual detrás de esas prendas. Por lo general es un hombre que administra mal su salud y sus recursos. Casi siempre ese tipo de persona termina en la miseria —expuso la única de las señoras del grupo que portaba lentes.

Y otra de ellas continuó:

—Dígales a sus chicas que, mientras menos cadenas, esclavas y eslabones, mejor es el candidato. Si alguna de sus hijas toma este consejo, lo más seguro es que sea la muchacha quien entregue la única pieza de oro que vaya a usar su futura pareja. Me refiero al anillo matrimonial.

Luego habló la mujer que tenía el cabello más corto:

—Recomiéndeles a las muchachas que atiendan muy bien lo que dicen los aspirantes durante los minutos iniciales de sus primeras conversaciones. Si un mozo exterioriza "yo" más veces que "tú", eso significa que es un tipo que habla mucho y escucha poco. Se interesa más por él que por la persona que está a su lado. Tal postulante debe quedar descartado.

A continuación, intervino la más joven:

—Pídales a sus hijas que le pregunten a esos asomados si ellos llevan fotos de la madre, de las hermanas, del padre o de los hermanos en su cartera. El hombre que lleva fotos de su gente en la billetera piensa que la familia es la mayor de sus riquezas. De ser así, puede que sus chicas estén al frente de un buen candidato.

Luego de finalizar la tercera explicación, el silencio volvió a dominar la escena. Al no obtener respuestas del par de referencias faltantes, Ylimahi preguntó casi a manera de susurro:

—¿Y las otras dos? ¿Qué se puede interpretar con eso de la velocidad y tipo de vehículo?

Todas se miraron entre sí. Ninguna se atrevía a dar las aclaratorias faltantes. En ese momento, la mujer de mayor edad tomó la batuta de la conversación.

—Señor Ylimahi. Lo que voy a decirle es una apreciación mucho más trivial, simple o terrenal. Así que esto va directamente a satisfacer la felicidad carnal de sus hijas. Es muy fácil que hagan estas preguntas y seguro que las respuestas que vayan a dar los pretendientes sean muy precisas. Es decir, que no dejen lugar a dudas. Las contestaciones de los candidatos van a revelar unas referencias muy trascendentales —continuó diciendo la dama.

—A ver, mi distinguida amiga, vaya al grano —interrumpió Ylimahi.

—Muy bien. Aquí voy y sin mucha palabrería —comentó la señora.

La madama fue al epicentro mismo del acertijo respondiendo lo siguiente:

—El hombre que le gusta la velocidad; que se la pasa volando[17] en las carreteras; que se compra el vehículo que corre más que los demás; que toca la bocina al auto de adelante cuando cambia un semáforo y que se la pasa viendo programas deportivos solo de carros de alta velocidad es, en definitiva, el típico individuo que tiene salida muy precoz.

La señora continuó:

—Por último, a menos que el pretendiente no tenga una granja, una hacienda o una finca, todo aquel hombre que posea y exhiba una camioneta *pick up* de gran tamaño y estruendoso rugido… pues,

---

17. Volando: Se interpreta también como conducir a mucha velocidad.

tenga por seguro que es un gallo con poca dotación. Espero que usted haya entendido estas interpretaciones y sepa muy bien lo que le va a decir a sus hijas. Sobre todo, con respecto a las dos últimas señas, porque yo no pienso entrar en más detalles —concluyó tajantemente la cortesana.

No hubo más preguntas. Apenas las gracias muy cálidas, repetidas y sinceras que Ylimahi les dispensó a las consultoras.

Parte IV. CONOCIMIENTO VERSUS SABIDURÍA.

He aquí la gran diferencia entre las dos palabras. Las amigas meretrices hicieron un maravilloso estudio de cómo y cuándo tomar una decisión acertada, con base en hechos experimentales y fundamentados en el método científico. Eso se llama conocimiento. La sabiduría toma esa data tangible para derivarlo en lo siguiente:

La información más apreciada e importante muchas veces la consigues de quien menos imaginas.

Las joyas grandes, de oro o de plata, brillan para esconder algo. Mientras más grande es la pieza, menor es el tiempo de la riqueza de quienes la posean.

Se tiene dos oídos y una boca. Eso significa que debes escuchar el doble de lo que hablas.

Lo más valioso y querido que se lleva en la cartera no es necesariamente el dinero.

La velocidad y el apuro no te hacen feliz.

Se recomienda no comprar una camioneta *pick up* grande y ruidosa. Pudieras ser mal visto 'a priori'.

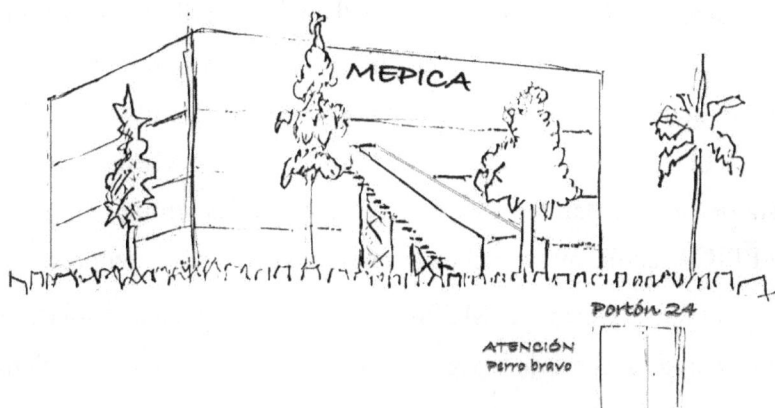

EL SIMULACRO

Parte I. LOS PROTAGONISTAS.

En un pueblo costero del país, cuyo nombre no deseo traer a mi memoria, se encontraba ubicada una fábrica textil de hidalgo prestigio regional. Se trataba de una empresa familiar dedicada a suplir uniformes militares, elaborar lonas para camiones, diseñar cobertizos de línea blanca y confeccionar prendas «íntimas»[18]

La fábrica se había establecido hacía más de cuarenta años en los arrabales de esa población litoral. Posteriormente, dicha área suburbana fue convirtiéndose en una zona bulliciosa. Al final, la voracidad de la comunidad consiguió apoderarse de la única carretera de acceso a la empresa, transformando esa vía en una hilera de tiendas, talleres mecánicos, panaderías, venta de fritangas y buhonería de todo tipo.

---

18. Prendas íntimas: Se sobreentiende que refiere a ropa interior femenina, ya que hasta la fecha no se ha visto en la literatura que se defina a la vestimenta interior masculina con la expresión de «prendas íntimas».

La compañía en referencia se llamaba Textilera Melo-Pinto, C.A., la cual había sido fundada por los señores Artemio Melo Zuleta y Armando Pinto Angulo, ambos excelentes talabarteros y oriundos del Protectorado Español de Marruecos, quienes se asentaron en esta tierra del Atlántico Occidental y echaron las semillas para crear MEPICA, acrónimo con el cual también se conocía la empresa.

Si bien es cierto que MEPICA era una compañía con solidez financiera, los efectos de la vigente recesión económica no se hicieron esperar. Ante este escenario, las primeras acciones para reordenar los gastos de la fábrica se enfocaron en minimizar erogaciones superfluas tales como: periódicos, café, refrescos, transporte de personal, limpieza, vigilancia, botellones de agua potable, jabón y suministro de papel *toilette*. Estos dos últimos renglones eran cubiertos por los propios empleados, e incluso hasta algunos asiduos visitantes. En particular, aquellos vendedores que ya sabían sobre la ausencia de estos ostentosos artículos sanitarios.

Meses después se restringieron los gastos de entrenamiento y actualización profesional. Por último, la podadora presupuestaria eliminó el servicio de la empresa encargada de hacer las auditorías de higiene, seguridad y ambiente.

Para sustituir el trabajo de los especialistas en materia de higiene, seguridad y ambiente, identificado por sus siglas como HSA, la empresa decidió cubrir estas disciplinas con personal propio, lo que en lenguaje corporativo se denomina «autogestión».

Toribio Zuleta, presidente de MEPICA y sobrino nieto del señor Artemio, recomendó a la Junta Directiva la creación de un departamento propio de HSA. En tal sentido, el grupo gerencial propuso para la función de Seguridad al joven Wenceslao Figueroa, jefe del Taller Mecánico, dado que este muchacho era un gran aficionado a las novelas de investigación policial. Para Higiene, se recomendó al señor Eladio Licores, quien trabajaba como supervisor de mantenimiento y fontanería. Con respecto a la función de Ambiente, la decisión fue un poco más complicada y, finalmente, se escogió a la señora Flor Rocío León, Coordinadora de Suministro. La razón de su selección fue debido a que su nombre y apellido armonizaban con los vocablos técnicos de conservación de la vegetación, el agua y la fauna silvestre, respectivamente.

Doña Flor era una dama tímida, escrupulosa y muy trabajadora, pero con escaso conocimiento en materia ambiental. Todavía se recuerda su entrevista en una emisora de radio de la ciudad y la respuesta a la pregunta que le hicieron sobre la identificación del gas que más contribuye al efecto invernadero. Ella contestó:

—Ese gas es el olor a tierra mojada que sale del suelo cuando cae mucha lluvia.

A la fecha de hoy, su respuesta aún sigue retumbando en los oídos de la comunidad.

Faltaba la guinda de la torta. El jefe de ese nuevo departamento todavía no había sido designado. Sin embargo, para el cargo de Líder de HSA, don Toribio tuvo la decisión final de elegir a su ahijado. Se trataba de Arbastacio Chamarra, mejor conocido en su medio familiar como Arby.

Este personaje rondaba los treinta años de edad y era un fiel seguidor de los valores hedonistas. De hecho, los automóviles deportivos, las marcas de ropa, el mundo de la farándula o las revistas de modas eran los temas de su predilección y su filosofía de vida.

Arby había comenzado a estudiar Ingeniería de Sistemas, pero abandonó su intento de carrera a las dos semanas del primer semestre. Seguidamente, pidió cambio para cursar Administración de

Empresas. En esta disciplina fue más persistente. Sin embargo, a las tres semanas y dos días se salió para estudiar Diseño Gráfico. En dicha especialidad, Arby tan solo duró un día y tres horas, incluyendo los sesenta minutos del desayuno en la cafetería de la facultad. Luego vino Mercadotecnia, Hotelería y Derecho. En todas ellas hizo muchos amigos, pero durante la estadía en esas escuelas, el tiempo dedicado a las clases fue tan efímero que ni siquiera logró saber dónde se encontraban los sanitarios de la universidad.

Posterior al paso fugaz por el mundo de las academias, Arby se propuso a surgir como empresario. Sus padres le compraron los equipos básicos para armar una miniteca[19], la cual fue registrada con el nombre de 'Rambo en Rumba'.

Es en esta época cuando comienza a ganar confianza para hablar en público y creerse además un eximio orador. Algo así como el gran Pericles delante del Partenón de Atenas.

Sin embargo, su oratoria no pasaba de decir cosas como: «Probando... ¡Uno, dos, tres!... ¡Probando!... ¡Uh, Ah!... ¡Probando! ¡Sonido!... ¡Sonido!... ¡SonidoOOOO!».

La echonería de Arby no tenía límites. A pesar de que se trataba tan solo de una miniteca que reproducía apenas música, sin ejecutantes alrededor ni coros multitudinarios, este personaje se sentía como Herbert von Karajan al frente de la Filarmónica de Berlín. Incluso, Seiji Osawa y André Rieu, al lado de Arby, no eran más que unos tocadores de pandereta y de charrasca, respectivamente.

El repertorio musical es otro caso digno de mencionar. Al mando de los controles, las luces, los botones y las palanquitas, Arby

---

19. Miniteca: Equipos electrónicos que se arman para amenizar una fiesta con música grabada en casetes o en discos.

tenía la sensación de estar dirigiendo la sala de sonidos del Madison Square Garden. Pero no crean que su público y clientes pedían obras de Wolfgang Amadeus Mozart, Igor Stravinski o Joaquín Rodrigo. La sutil diferencia estribaba en los petitorios del público que a todo gañote solicitaban cosas como:

—Arby, dale con 'Pedro el Escamoso'.

—Epa, Arby, pon otra vez 'La Mazucamba'.

—Arbycito, repite la canción de 'La Gasolina'.

Su negocio había empezado a cosechar ciertas ganancias, pero su pre-hipotético emporio del espectáculo se vino abajo con la aparición del MP4, Youtube y Spotify. Y con ello también se desvanecieron sus anheladas entrevistas en el 'Show de los Famosos' y su apartamento en Mónaco.

Lo único que le dejó su trabajo con la miniteca fue un título profesional muy rimbombante en su tarjeta de presentación: «Arby Chamarra: Gerente e Ingeniero de Sonido».

Antes de entrar a MEPICA, el joven Chamarra pasó un tiempo en los Estados Unidos, dado que también quería aprender a hablar inglés. No obstante, escogió el sitio menos apropiado del país para estudiar ese idioma. A Miami se va de compras, no a aprender inglés. Se fue a Norteamérica hablando un idioma y regresó con el mismo balance neto de «un idioma», pero ahora transformado en un castellano a medias y un inglés a medias.

Parte II. SUGERENCIA BRILLANTE.

Se supone que las empresas que entran en un proceso de reorganización y reingeniería deben mostrar sus logros y aciertos de una manera sólida. Don Toribio había leído en una revista de prospectiva tecnológica que toda empresa que desee ser considerada moderna, debe tener excelentes índices de gestión en higiene, seguridad y ambiente, así como también poseer planes de contingencia y de desalojo muy bien estructurados.

—¡Albricias! ¡Eureka! —dijo don Toribio. —Eso es lo que le hace falta a Arby para su consolidación como Líder de HSA en la empresa.

Bueno, hay que confesar que don Toribio no se expresó de esa manera. En realidad, gritó:

—¡Bingo! Esa vaina es lo que le hace falta al haragán de Arby.

Además, no fue en una revista que vio esa acotación estratégica. Eso lo escuchó por la radio, durante la narración de un programa de peleas de gallos, válidas para el campeonato municipal.

Basado en esta estrategia gerencial, se le asignó al «ingeniero» Arby Chamarra, el ahora Líder de HSA de MEPICA, la preparación de un simulacro de desalojo para el edificio de la empresa. Un trabajo que involucraba alrededor de una centena de personas.

Lo primero que se le ocurrió al grupo conformado por Arby, Wenceslao, Eladio y doña Flor fue establecer una ruta de escape de fácil movilización. Sin embargo, debido a que el edificio de MEPICA había sufrido cambios desde su concepto original, se observó que los pasillos tenían muchos vericuetos. En tal sentido, era necesario escoger un buen trayecto de evacuación y seleccionar un lugar apropiado para la concentración final de los cien empleados que iban a participar en el simulacro.

Se analizaron cinco tentativos puntos para elegir el sitio de congregación y cierre. Dos áreas ubicadas dentro de los terrenos de la compañía y otras tres zonas halladas fuera del perímetro de MEPICA. Para los espacios internos de la empresa precalificaron la terraza del Taller de Sopletes y la zona de descarga de la Planta Automática de Tratamiento de Aguas Negras, conocida por sus siglas como PATAN.

Las opciones externas fueron: el estacionamiento de la peluquería 'La Pasión de Frígida', la pérgola del bar 'BO2' y el depósito a cielo abierto de la panadería 'Horno de Madeira'.

Se descartó el Taller de Sopletes, ya que para su acceso desde el edificio era necesario pasar por el interior del baño de damas. De hecho, cuando algún trabajador del Taller de Sopletes deseaba ir al sector administrativo, el empleado debía tocar la puerta del baño y anunciar su paso. Del mismo modo, las usuarias, en plena utilización del sanitario, daban sus alertas preventivas para congelar la entrada de cualquier trabajador del género masculino.

Los avisos más comunes indicados por los hombres eran: «¿Hay alguien ahí?», «¿Puedo pasar?», «¿Terminaron?».

En tanto que los alaridos más frecuentes de las trabajadoras abarcaban frases resonantes como: «¡Salgan de aquí!», «¡No ves que estoy desnuda!», «¡Pero dejen la miradera!», –«¡No entren todavía, coño!»… y otras advertencias más que no valen la pena señalar.

Tampoco se recomendó utilizar la zona de la Planta Automática de Tratamientos de Aguas Negras, puesto que PATAN tenía cerca de treinta y nueve años sin funcionar y estaba obsoleta. Los olores del sitio eran tan viciados, que los inspectores de sanidad la clausuraron antes de hacer su primera evaluación. La gente decía que las pestilencias nauseabundas de PATAN brotaban a través de las paredes externas.

El estacionamiento de la peluquería 'La Pasión de Frígida' también se descartó debido al espacio reducido, tan solo cabían dos carros compactos y dos bicicletas. Además, la dueña del local, doña Frígida, había tenido un affaire amoroso con don Toribio y la escogencia de ese punto podría ser contraproducente, sobre todo para el propio don Toribio.

Es necesario hacer un paréntesis aquí y compartir un chisme de pasillo. Cuando la esposa del presidente de la compañía, doña Céfora, se enteró sobre este segundo frente de su marido, formó un escandaloso 'atajaperros'[20] y propuso firmemente ante la directiva de MEPICA que, por ningún motivo, se debía establecer contacto con la competencia.

De hecho, por política corporativa, a todos los trabajadores de MEPICA les estaba estrictamente prohibido cortarse el cabello o buscar cualquier otro tipo de servicio ofrecido en el establecimiento de doña Frígida. Esta prohibición también estaba referida en los contratos laborales.

La pérgola del bar 'BO2' era el sitio perfecto. Un lugar amplio, ruta corta y fácil acceso. No obstante, los propietarios del local no aceptaron la propuesta de usar su espacio, ya que uno de los directores de MEPICA tenía una abultada cuenta pendiente y sin deseo de ser sufragada. Por cierto, no vayan a pensar que era don Toribio. Se trataba de unos haberes contraídos, inconsultamente, por el señor Hipólito Marrullero, director de Cuentas por Pagar y Asuntos Ético-Sociales.

Todas estas condiciones limitantes dejaron el camino libre para que se escogiese el depósito a cielo abierto de la panadería 'Horno de Madeira' como área de la concentración final.

Joao Maçaco, propietario de la panadería, y el grupo de HSA, lograron cerrar un brillante acuerdo de intereses recíprocos. Una alianza estratégica que les permitía a los trabajadores de MEPICA

---

20. Atajaperros: Discusión acalorada y procaz.

utilizar ese lugar como sitio de reunión para cualquier contingencia, siempre y cuando consumieran sus *croissants*, pastelitos, empanadas y sándwiches durante los actos de simulacros o emergencias reales. Los precios serían menores a los ofrecidos al público general. La única excepción era cuando ocurriese algún incendio. Para esta ocasión particular, los refrescos y otras bebidas podrían tener un costo adicional.

Parte III. LA CONCEPCIÓN DEL PLAN.

Escogido ya el lugar de la concentración del simulacro, se estableció que la evacuación iba a realizarse solo para el personal ubicado en los dos últimos pisos del edificio de MEPICA. Únicamente faltaba por definir la ruta interna de escape.

La sede contaba con cuatro niveles. Los dos inferiores eran ocupados por depósitos, mientras que los dos pisos superiores estaban destinados a albergar los talleres, las salas de confecciones, la sección administrativa y las oficinas gerenciales.

Sin embargo, había cierta distribución desordenada y aleatoria en la arquitectura de los departamentos y talleres. Por ejemplo, la sala de confecciones de los uniformes militares estaba adjunta al de prendas íntimas. En muchas oportunidades se recibieron reclamos y devoluciones, sobre todo de las casas de modas, cuando se «colaba» algún traje de faena o de combate en el lote de los sostenes o pantis. No obstante, cuando la vestimenta equivocada iba con destino a los cuarteles, las quejas de los oficiales eran muy pocas y, por lo general, casi nunca devolvían las piezas de ropa femenina que llegaban erróneamente a manos de los castrenses.

El grupo de HSA estuvo disertando sobre el trayecto. Se eligió iniciar el desalojo por el pasillo de la sala de la fotocopiadora, tomar por las gradillas que desembocan en la *mezanine*, atravesar el salón de costura para lonas, bajar por la Rampa B (un pasadizo con laberintos oscuros y con escaleras angostas), salir al Portón 24 y, finalmente, caer a un atajo que daba con el patio y depósito de la panadería.

La próxima acción por tomar fue la asignación de los roles y las responsabilidades. El primero en recibirlas fue Wenceslao, quien sería el encargado de garantizar el resguardo del personal que debía circular entre la Rampa B y el patio de la panadería.

Vale destacar que el cordón comercial adyacente a MEPICA era una zona insegura. Robos, asaltos y desvalijamientos eran situaciones rutinarias. Además, el servicio de vigilancia privada había sido rescindido, por lo que la vulnerabilidad de la empresa era mayor. Las alambradas y las puntas de vidrio sobre los bordes de las paredes no eran lo suficientemente intimidatorias para los malhechores.

Lo más efectivo que la empresa había hecho en materia de prevención de hurtos fue la admisión y emplazamiento de un inmenso perro en el patio de despacho y carga. Se trataba de un iracundo pastor alemán cruzado con rottweiler. Grande, fuerte, bravo, tragón, perturbado y con más dientes que un caimán del Orinoco, eran las mejores características que podían describir a Atila, el perro guardián de la empresa.

A fin de tener una idea de su fiereza, la gente decía que ese animal estaba emparentado con un *Tiranosaurio rex*. Wenceslao era uno de los pocos seres humanos que podía tratar con el perro. De hecho, este muchacho lo estaba entrenando para usarlo de sabueso. Atila fue puesto dentro del organigrama del Departamento de HSA, específicamente como miembro de la función de Seguridad. En otras palabras, Atila le reportaba a Wenceslao, quien era su supervisor inmediato.

A Eladio Licores, recién encargado de la función de Higiene, lo destinaron a ejercer las labores de inspección en la panadería. Es bueno indicar que la junta directiva de MEPICA había decidido ofrecer un desayuno a sus empleados como parte del ejercicio de evacuación. Obviamente, la panadería Horno de Madeira iba a ser la responsable de la preparación del condumio.

Eladio debía garantizar el control de calidad durante la elaboración de los pastelitos y las empanadas, sobre todo, asegurar que se utilizara harina sin gorgojos, ver que las cantidades de jamón y queso fuesen suficientes, chequear que no introdujeran pastelitos o empanadas viejas con la comida recién hecha, constatar la ausencia de alimañas, hongos y actinomicetos, así como otras medidas sanitarias necesarias para un correcto e higiénico desenvolvimiento del proceso.

El rol y las responsabilidades asignadas a doña Flor también eran retadoras. Gracias a que esta empleada tenía un postgrado en contaduría, la pusieron a contar a todo el personal que debía participar en el desalojo, listar a quienes estaban en las oficinas y talleres antes del ensayo y, al cierre, convalidar que ese mismo número de personas fuese igual al que arribara al sitio de reunión final.

En materia ambiental, el grupo de HSA dispuso que nadie debía fumar durante el ejercicio. En tal sentido, a doña Flor le entregaron un par de extintores de incendios para ser utilizados, sin contemplación, contra aquellos trabajadores que entrasen a la ruta con algún cigarrillo encendido.

Pudiese pensarse que esta medida era coercitiva, pero el grupo de HSA rechazó el uso de contenedores de agua y los de polvo químico para así evitar mojar a los empleados o, por el contrario, rociar a alguno de ellos con ese tipo de talco químico amarillo y pegajoso.

En su defecto, se decidió utilizar extintores de CO_2, ya que es efectivo, no deja marcas sobre la ropa y se percibe algo más respetuoso.

Finalmente, y como es obvio suponer, el joven Chamarra estaría dirigiendo la operación en su función de líder.

Los cuatro integrantes consideraron necesario que Atila durmiera cerca de la Rampa B durante la noche previa al simulacro, para así garantizar que ningún zagaletón o atracador se atreviese a entrar al pasadizo a través del Portón 24.

De requerirse, y mientras durara el ejercicio del desalojo, la bestia pudiera estar sujetada al hidrante contra incendios, localizado a pocos metros de la Rampa B. Por tal motivo, Wenceslao se encargó de buscar una cadena de grúa, con la que tentativamente se amarraría al perro.

Arby comentó que era imprescindible realizar un breve discurso introductorio, a fin de explicar los detalles básicos del simulacro. Estas palabras debían difundirse por los altoparlantes antes de tocar la alarma de desalojo. Él se haría cargo de la preparación y alocución del mensaje. Con toda certeza, un gran deleite para Arby.

El plan fue entregado a los miembros de la junta directiva, quienes no ofrecieron objeción alguna. La evacuación se iba a realizar el próximo viernes, a las diez de la mañana.

Las cartas estaban echadas, los protagonistas alertas y el camino bien trazado.

Parte IV. LA ANTESALA DEL SIMULACRO.

El viernes temprano el grupo completo de HSA estaba listo. Arby llegó ataviado con una indumentaria algo exagerada. Tenía un overol de rescatista, similar al que usa la Cruz Roja. Además, trajo brújula, pito, casco, lentes oscuros, botas de escalador, linterna, cantimplora, radios, guantes, teléfono celular, reloj de submarinista, rodilleras, cuerdas de rapel, doce ampollas de vacunas antiofídicas y una mega navaja de multiuso capaz de desarmar, «pieza por pieza», a un cohete de la NASA.

Wenceslao vino modestamente vestido. Lo más destacado era un dispensador de gas pimienta colocado en su correa, con el fin de ser usado como instrumento paralizante por si acaso Atila tuviese la intención de devorar a algún empleado.

El señor Eladio trajo su viejo uniforme de plomería y su abollado casco de metal. Por encima del andrajoso ropaje se abotonó una guayabera descolorida y con muchos bolsillos, los cuales le permitían guardar varias libretas y lápices para sus anotaciones de control de calidad. De lejos, el señor Eladio parecía un minero recién salido del derrumbe de una cantera.

Doña Flor vino como siempre… ¡Vestida como una beata!

Uno puede entender que esa dama sea conservadora, pero para la persona líder de un cargo que se caracteriza por su talante de vanguardia y progreso, no puede presentarse en un acto público con una ropa parecida al estilo insípido de 'Beatriz Aurora Pinzón Solano'.[21]

El grupo se reunió en la sala de conferencias con el propósito de afinar los detalles. Wenceslao revisó la ruta. El fontanero Eladio conversó por teléfono con el señor Joao Maçaco sobre su estancia en la panadería. A doña Flor se le hizo entrega de dos pequeños extintores de CO_2, muy fáciles de manipular, y Arby repartió los *walkie-talkies*

---

21. Beatriz Aurora Pinzón Solano: Nombre del personaje principal de la telenovela colombiana *Betty, la fea*. Producida por RCN Televisión (1999-2001), protagonizada y caracterizada por la actriz Ana María Orozco y escrita por Fernando Gaitán.

(radios portátiles). Lo único que quedó pendiente fue el texto del mensaje introductorio. Arby les dijo que no se preocuparan, pues, aunque no lo había escrito, él era muy bueno improvisando discursos. El cruce de miradas entre Wenceslao, Eladio y doña Flor dejó colar un ambiente de duda.

Todos agarraron sus radios y salieron a ocupar los puestos operativos, mientras Arby se fue a la oficina del presidente de MEPICA a participarle que iba a dar inicio al simulacro de evacuación.

Al llegar al despacho de don Toribio, Arby se encontró con Vicky Zuleta, la hija de su padrino. Vicky era una muchacha bastante agraciada, de unos dieciocho años, y en ese momento visitaba a su papá. Tenía una pierna enyesada y andaba en muletas, puesto que había sufrido un esguince hacía dos semanas, cuando se cayó de una tarima que servía de soporte a las *cheerleaders* que animaban el campeonato municipal de peleas de gallos.

—Hola, Vicky. ¿Cómo estás? ¿Cómo sigues de tu lesión?

—Arby, mi amor… ¡Qué bonito andas vestido! Estoy recuperándome súper rápido. Por cierto, mira cómo me muevo con las muletas. —Y la joven hizo unas piruetas dignas de reconocimiento.

—¿Qué haces por aquí? —preguntó Arby, al momento de autografiarle la escayola.

—Vine para que mi papá me lleve al control con el médico. Voy a ver si me cambian el yeso y me ponen uno nuevo que haga combinación con el color de mi cabello.

—Por cierto, ¿dónde está mi padrino? Vamos a comenzar un simulacro de desalojo y quiero indicarle que en unos instantes daremos la voz de *go-ahead*.[22]

---

22. *Go-ahead*: Frase en inglés que significa «ir adelante». Luz verde.

—Salió un momentico a cortarse el cabello. ¡Oye! Espero que no me dejes fuera de ese evento. Quiero que veas mi habilidad descendiendo las escaleras con las muletas.

—¿Te atreverías a bajar así por la Rampa B?

—Como dice el Chapulín Colorado: «Me canso ganso».[23]

Parte V. MENSAJE DE EVACUACIÓN.

El sistema de audio interno del edificio, así como el micrófono y el botón de alarma general, se encontraba en la sala de atención al visitante. Allí trabajaba de recepcionista la señorita Blanca Virginia Icastísima, quien para ese momento estaba atendiendo a unos fiscales del Impuesto sobre la Renta.

Blanca Virginia entregó el micrófono a Arby. Este lo encendió y dio los tres golpes clásicos que se le dan a la cabeza antes de hablar por el mismo, para así saber si el altoparlante tiene suficiente volumen: ... Pun, pun, pun.

Esos golpes fueron el preludio a las frases más inusuales que se hayan escuchado por el sistema de audio de MEPICA a lo largo de sus cuarenta años desde su fundación.

—¡Probando, probando, probando! ¡Uno, dos, tres! Damas y caballeros, señoras y señores, empleadas y empleados, contratistas y contratistos. Buenos días, les habla Arby Chamarra, Líder de Higiene, Seguridad y Ambiente de MEPICA.

Hubo una pausa corta y después continuó:

---

23. «Me canso ganso»: Expresión que se entiende como «me arriesgo a todo». Fue popularizada por el Chapulín Colorado, en la parodia de un personaje de superhéroe. Creado e interpretado por el humorista mexicano Roberto Gómez Bolaños y producido por Televisa (1972-1979).

—Hoy vamos a tener un ejercicio de desalojo como parte de un «simulacro ficticio»[24] para evacuar… y todos ustedes van a evacuar. El grupo de HSA, a quien me honro en «jefatear», va a servir de soporte, y la señora Flor Rocío León les va a ir indicando el camino hasta la Rampa B.

Antepuso una pausa más larga y prosiguió con su arenga:

—Para empezar, abrimos con el comienzo, dando inicio con el principio de la apertura del simulacro. La salida la vamos a hacer tomando la vía de las fotocopiadoras, luego ir a la *mezanine* y a la sala de costura. Seguidamente, debemos entrar al cuarto de laberintos, en donde está la Rampa B. Por ahí, descenderemos bajando por ella y, al final, evacuar por el Portón 24 hacia el patio de la panadería Horno de Madeira. Allá nos estará esperando el señor Eladio Licores con un desayuno «obísparo»[25], cortesía de la empresa.

En tono tranquilizador, agregó:

—En el Portón 24 vamos a encontrarnos con Wenceslao Figueroa. Él estará vigilando el acceso de la calle y alerta para que no entre ningún extraño o malandro no deseado. Además, hoy vamos a contar con el apoyo, la colaboración y la presencia del temible Atila. Les pido que por favor no vayan a asustarse de miedo, ya que al perro no le gusta la gente nerviosa.

Ahora con modulación de propagandista ramplón, Arby continuó con su inspirado discurso:

---

24. Simulacro ficticio: Lo dijo por pura inopia cultural. Todos los simulacros son ficticios.

25. Obísparo: Seguro que quería decir «opíparo», que significa abundante. A menos que sea una nueva palabra que defina a los copiosos y espléndidos desayunos que degustan los obispos.

—Estén preparados porque dentro de cinco o diez minutos voy a activar la alarma sonora de alta sonoridad del edificio.

Se oye un estornudo repentino, Arby se sacude la nariz ruidosamente y prosigue con su discurso:

—«Supongando»[26] que no se pueda escuchar la alarma por el audio interno principal del edificio, voy a usar un altoparlante portátil para hacer la voz de alarma y pasar por todas las oficinas, pasillos y baños, diciendo «Uhauuu, Uhauuu, Uhauuu» de manera persistente y a muy alta voz por el altoparlante para que se oiga alto. Así que no se olviden de recordar en su memoria. Voy a repetirlo otra vez nuevamente. Uhauuu, Uhauuu, Uhauuu. ¿Quedó claro? Lo voy a decir otra vez por si acaso: Uhauuu, Uhauuu, Uhauuu.

Concluyendo y con tono de advertencia, el joven Chamarra dictamina:

—Habiendo «hubido»[27] y escuchado esta explicación, estén listos para hacer el desalojo. Finalmente, se les pide a las empleadas, trabajadoras y visitantes que no vayan a utilizar el baño de damas a partir de ahora. Recuerden que toda la gente del Taller de Sopletes va a estar usando ese sitio para evacuar.

Uno de los fiscales del Impuesto sobre la Renta, quien no conocía a este singular orador, le manifestó a Blanca Virginia Icastísima lo siguiente:

—El tipo del micrófono seguro que fue a la misma academia universitaria en la cual estudió «Gustavo, El Chunior»[28].

---

26. Supongando: Se supone que es «suponiendo».
27. Hubido: La verdad es que no tenemos idea de lo que quiso decir con esa palabra.
28. Gustavo, El Chunior: Personaje creado e interpretado por el humorista venezolano Emilio Lovera. Se trata de un locutor mentecato e inculto que tiene un espacio radial dedicado al enriquecimiento del idioma castellano.

Parte VI. PREPARADOS, LISTOS: ... ACCIÓN.

Ya había un ambiente expectante y muchos trabajadores comenzaron a formar grupos de espera. En uno de ellos estaba hablando animadamente el doctor Fidias Gamelote, el abogado de Asuntos Laborales de MEPICA.

En cualquier empresa siempre hay un guasón de esos que hacen bromas pesadas y subidas de «color». Obviamente, MEPICA no era la excepción. Este personaje recaía en la figura del doctor Gamelote, quien además de galán y bien vestido, se consideraba el más chistoso de la comarca.

En medio de la conversación, este abogado comentó que le gustaría revisar el baño de las damas para ver si había alguna compañera desprevenida. Incluso, se atrevió a señalar que, de ser necesario, hasta la ayudaría en vestirla.

El comentario indecente no encontró eco ni gracia entre los asistentes. El mamarracho graduado en leyes insistió con el chiste porque creyó que nadie lo había entendido. En ese momento, le dijeron:

—Doctor Gamelote, ¿por qué usted no entra primero al baño de caballeros para que ayude a vestir a dos pintores que se están duchando allí?... ¿Ah?

El último comentario sí logró un extenso aplauso y sonoras carcajadas por parte de la concurrencia.

Las risas de este acto de justicia divina se vieron opacadas por el sonido estridente de la alarma de desalojo, el cual salía generoso y claro por el sistema de audio interno del edificio.

Lo de «generoso y claro» no son calificativos de relleno dentro de esta historia. En realidad, los empleados mepicosos (vocablo con el que también se identifican a los trabajadores de MEPICA) estaban felices porque la alarma funcionase correctamente. La verdad es que ninguno quería ver el espectáculo bochornoso de Arby con el megáfono ambulante por todos los pisos, aullando como un demente: ¡Uhauuu, Uhauuu, Uhauuu!

El éxodo se inició con calma. Los empleados, contratistas y visitantes pasaron por la sala de fotocopiadoras. Luego bajaron por las gradillas, en vía a la mezanine. Seguidamente, cruzaron los talleres de costura, para así continuar hacia la entrada del pasadizo de la Rampa B. Allí los esperaba doña Flor y sus dos… extintores.

La Coordinadora de Ambiente también hacía las veces de fiscal de tránsito. Daba las instrucciones para señalar cuántos y quiénes debían acceder al estrecho laberinto que precedía a las escaleras de escape.

La primera persona escogida para entrar fue Vicky, quien, por jactancia y exigencia propia, quería demostrar a la concurrencia qué tan habilidosa era bajando escalinatas con muletas.

Don Pepe Peralta, un atlético y bondadoso cargador de bultos de tela cruda, se ofreció para ayudar a la joven enyesada durante la caminata por el enmarañado laberinto y el descenso en la Rampa B. Sin embargo, la cortesía del señor Peralta fue rechazada petulantemente por Vicky. De hecho, esa respuesta no sorprendió a los empleados, ya que la hija del presidente de MEPICA tenía una fama bien ganada de niña malcriada. A fin de cuentas, ella no quería que nadie estuviese a su lado. Una arrogante decisión que iba a tener un alto costo; un error que pagaría la muchacha y también el grupo que iniciaba el desalojo del edificio.

Parte VII. ATRAPADOS EN LA RAMPA B.

El equipo de HSA ya había comenzado un afanoso y frecuente intercambio de mensajes radiales a través de los *walkie talkies*. Desde el cuarto piso Arby coordinaba el simulacro, recibiendo los detalles y acotaciones de Wenceslao, Eladio y doña Flor.

—Aquí Eladio desde la panadería. Todo marcha según lo planificado. Se están haciendo 220 pastelitos, 170 *croissants* y 140 empanadas. Proporciones de buen tamaño. Cocina limpia y muy pocas moscas… Cambio.

—Aquí Arby con Eladio. Gracias por tu pase. Sigue controlando y, por favor, prueba las primeras piezas que salgan del caldero y del horno… Cambio.

—Aquí Flor con Arby. Desde mi posición reporto que la gente está haciendo fila para entrar al laberinto y la primera persona que va a iniciar la bajada es la señorita Vicky… Cambio.

—Aquí Wenceslao. Todo en calma. Atila tranquilo y sin muchos gruñidos. El animal está olfateando la salida de la Rampa B… Cambio.

Dentro del grupo en espera por acceder al laberinto estaba el doctor Gamelote, quien, haciéndose el gracioso, apostó con unos compañeros que él iba a entrar fumando al recinto. Daba por hecho que doña Flor, con esa personalidad tan tímida y pacata, no se atrevería a exigirle que apagara su tabaco.

Apenas Fidias Gamelote pasó delante de ella, burlándose y con el habano encendido, doña Flor desenfundó uno de sus extintores y le descargó todo el gas contenido a Gamelote. La salida del CO_2 por la tobera del extintor fue de tal fuerza, que arrancó el cigarro de la boca del abogado, yendo el mismo a parar dentro del escote de Blanca Virginia.

El busto de Blanca Virginia fue tan grande…

Corrijo: El «susto» de Blanca Virginia fue tan grande que empezó a gritar. Uno de los fiscales del Impuesto sobre la Renta, amablemente, metió una de sus manos entre la hendija del abultado *brasier* y sustrajo el tabaco que se había escabullido dentro de ese paraíso. El fiscal la calmó diciéndole que el cigarro de Gamelote estaba apagado y aclaró que los implantes de silicona no son inflamables.

Superado el incidente con el abogado y el sobresalto de Blanca Virginia, la gente siguió entrando al pasadizo.

El desplante de Vicky comenzó a traer problemas. Si la joven enyesada hubiese aceptado la oferta del señor Pepe Peralta, quizás la malcriada chica no estuviera pasando tanto trabajo. Vicky desconocía que la planchada metálica del laberinto y las escalinatas de la Rampa B eran rejillas. Es decir, que tenían orificios. Esto hacía que las bases de goma de las muletas se trabaran reiteradamente.

La pasmosa velocidad de la muchacha hizo que la gente se amontonara dentro del pasadizo. Con todo el recinto de escape lleno de personas y vociferando a lo largo del trayecto para que Vicky se apurara, Atila se puso muy alterado.

—Aquí Wenceslao con Arby. El perro se encuentra impaciente y ladrando mucho… Cambio.

—Aquí Arby con Wenceslao. ¡Excelente! Eso hará que la gente se guíe por sus ladridos. Doña Flor me dijo que el pasadizo está un poco oscuro y no se ve bien dentro del laberinto… Cambio

—Aquí Wenceslao con Arby… Entendido, cambio.

—Aquí Arby con Eladio. ¿Cómo van las cosas en la panadería?... Cambio.

—Aquí Eladio… ¡YAMMM, ÑAMMMMY, GLUP, GLUP, YAMMM! Estoy probando las primeras empanadas y jugos. Las bebidas tienen buen sabor. Acabo de recomendar que se sustituya la manteca por aceite. Sobre todo, en los calderos para las empanadas. Informo que los jugos fueron endulzados con azúcar morena. ¡ÑAMMMMY, GLUP, GLUP, YAMMM!... Cambio.

—Aquí Arby con doña Flor. ¿Cuál es el estado de la Rampa B?... Cambio.

—Aquí Flor. Ya tenemos a muchas personas bajando por la Rampa B. Hay bastante calor debido al atiborramiento de gente. El descenso está siendo excesivamente lento… Cambio.

—Calma y «gordura»[29], doña Flor. Poco a poco ustedes van a ir saliendo… Cambio.

—Aquí Wenceslao con Arby. El perro está brincando y quiere escapar por el Portón 24. Además de rugir, mordisquea la manguera del hidrante contra incendios… Cambio.

—¡Buenísimo! Eso puede asustar a las personas de afuera y a los mirones de la calle. Así ningún extraño va a querer entrar… Cambio.

—Aquí Wenceslao. Gracias, Arby. Muy importante ese dato… Cambio.

—Aquí Arby con Eladio. ¿Hay alguna novedad en la panadería?... Cambio.

—Aquí Eladio… ¡ÑAMMMMY, GLUP, GLUP, GLUP, YAMMM! Todo igual. Sin embargo, todavía las empanadas tienen mucho aceite. Me acabo de comer otras seis más y la grasa se me chorreó hasta el codo. ¡ÑAMMMMY, GLUP, GLUP, YAMMM!... Cambio.

¡Interrupción urgente!

—Aquí Wenceslao con Arby. Atila está evacuando frente a la salida de la Rampa B… Cambio.

---

29. Gordura: Es factible que quiso decir «cordura».

—Ese perro no se encuentra en la lista de desalojo. Yo tengo en mi registro a 103 personas, contando a los visitantes, y Atila no está en el grupo de evacuación... Cambio —aclaró Arby.

—Yo no me refiero a ese tipo de evacuación. Lo que quiero decir es que el perro está haciendo pupú... Cambio —expuso Wenceslao con la típica voz fañosa de cuando alguien se tapa la nariz.

Parte VIII. MOMENTOS CLAVES.

Silencio absoluto en la radio. Luego del mensaje de Wenceslao, las comunicaciones quedaron detenidas por un lapso aproximado de veinte segundos. Todos sabían que había que resolver la situación lo antes posible.

Arby se aventuró a romper el mutis:

—Por favor, Wenceslao, dime cómo se siente el ambiente por allá... Cambio.

—Aquí Wenceslao. Por los momentos el perro dejó de ladrar, aunque se encuentra gruñón y receloso. En cuanto a las condiciones del ambiente, te comento que, por el olor, creo que Atila se comió un buitre o un par de zorrillos... Cambio.

—Aquí Arby con doña Flor, reporte usted sobre la situación dentro de la Rampa B y el laberinto... Cambio.

—Aquí Flor con Arby. Estamos percibiendo un olor fuerte y muy desagradable. Las personas dicen que es un olor... de, de, de... ¡Bueno, usted sabe a lo que huele aquí!

Continúa doña Flor, pero ahora manifestando una sorpresa:

—¡Epa, un momento! Acaban de apagarse los poquitos bombillos. Estamos a oscuras y ahora tampoco tenemos los ladridos de Atila como guía... Cambio.

Otra larga pausa se sumó a la tensión radial. Nuevamente, Arby tomó el control para dar sus instrucciones.

—Apreciada doña Flor. Oiga con atención mi consejo. Van a tener que guiarse por el olor a pupú que sale del final de la Rampa B, a menos que todos se regresen por la entrada de la mezanine… Cambio.

La última propuesta no podía realizarse, ya que, por un movimiento involuntario, doña Flor había trancado la puerta de acceso al laberinto. Dicho de otra manera, todo el personal quedó atrapado en ese pasadizo. El grupo debía esperar que la parsimoniosa Vicky terminara de bajar las escaleras y luego salir, de forma obligatoria, por el sitio donde se encontraba la repelente postura de Atila.

El señor Venancio Gamboa, uno de los empleados más honorables de la compañía, economista y con casi cuarenta años dentro de la empresa, no aguantó la repugnante situación. A pesar de ser un hombre mayor, serio y callado, sacó fuerzas desde el fondo de su alma y gritó estentóreamente:

—¡Aparten esa mierda de ahí, por favor!

Yubilis, la aduladora secretaria de Recursos Humanos, lo escuchó con un aire de sorpresa y le contestó:

—¡Ay, don Venancio! ¿Cómo le va a decir eso a la hija del presidente?

—No me refiero a ese tipo de mierda. Yo estoy hablando de la mierda de verdad-verdad… Estoy gritando por esa cagada que pusieron de señuelo. Esta rampa apesta por donde uno voltee. Es como si tuviéramos un tolete de mortadela rancia delante de nuestras narices —protestó, con inusitada exaltación, el anciano economista.

En medio del fragor del pasadizo, la joven Vicky ya no era la misma experta con el manejo de sus muletas. Tratando de aguantar un poco su respiración, perdió el ritmo durante el descenso de los últimos escalones y resbaló aparatosamente. Antes de que la muchacha fuese a parar al emplaste dejado por Atila, apareció el brazo oportuno y salvador del señor Pepe Peralta, quien la atrapó.

Don Pepe tomó a la joven por la cintura y la levantó como si fuera una servilleta. Puso a la chica en su espalda atlética y así escaparon del pasadizo. Ella, un poco turulata, claro está, pero sana, salva y, sobre todo, limpia.

La destreza del señor Pepe fue magistral. Sin embargo, no pudo impedir que una de las muletas se trabara férreamente en el oscuro pasillo. La muleta en cuestión ahora se había convertido en un obstáculo que estorbaba el rápido tránsito dentro de la apestosa Rampa B.

Ya para ese momento las transmisiones remotas entre doña Flor, Wenceslao y Arby eran mucho más caóticas. Las expresiones del personal atrapado en el pasadizo se yuxtaponían entre las conversaciones radiales. Los conceptos que brotaban por los radiogramas dejaron de ser elegantes y amigables. La progenitora de Atila salió a relucir con mucha insistencia, acompañada de frases vulgares improcedentes de repetir o mencionar en este relato.

Atila, además de feroz, también era un perro inteligente. Por el estado de irritación que tenía, se presume que llegó a comprender todo lo que la gente decía por la radio.

Ante esta situación, la capacidad de control de Wenceslao se había reducido. Lo más acertado que el jefe de Atila pudo hacer fue encadenarlo al hidrante, ya que el perro estaba hecho una fiera.

Parte IX. LA SALVACIÓN DE LOS OTROS.

La voz rumiante del señor Eladio, experto en artes sanitarias, se interpuso en el tráfico del espacio radial para dar con la solución lógica.

—¡GLUP, YAMMM, ÑAMMMMY! Aquí Eladio con Wenceslao y Arby. Les propongo que limpien la entrada de la Rampa B usando agua a presión. Para eso tenemos un hidrante contra incendios y una manguera, ¡GLUP, ÑAMY, ÑAMY, YAMMM! ... Cambio.

—¡Ultra Yes! ¡Excelente idea!... Por favor, Wenceslao, estira la manguera y abre el hidrante. No hay tiempo que perder… Cambio.

El fluido milagroso y salvador emergió por el pitón de la manguera. Con presión regulada y volumen de agua suficiente se pudo desplazar la carga insolente de Atila. La gente atrapada en la Rampa B fue saliendo apresuradamente. Los gritos de felicidad y exaltación inundaron la atmósfera del Portón 24 y el patio abierto de la panadería. Frases altisonantes como «viva el aire limpio», «bienvenida la luz de la libertad», «abajo el gobierno», se repetían al compás de coros frenéticos.

Arby, Wenceslao, Eladio y doña Flor fueron recibidos como héroes epopéyicos. El notable esfuerzo puesto a prueba por cada uno de ellos durante los momentos más críticos del evento fue el tema principal mientras desayunaban. La emoción era tal, que las personas evacuadas no se percataron de que estaban empapadas, y no precisamente de sudor.

Nadie advirtió que, durante el escape de la Rampa B, la manguera contra incendios echaba agua por todos sus costados. Ya se dijo antes. Atila es un animal con más dientes que un caimán del Orinoco. La versión perruna de un *Tiranosaurio rex,* con colmillos lo suficientemente fuertes para convertir cualquier manguera o ducto de agua en una monumental regadera.

Parte X. FINAL TRIUNFAL.

Han pasado ya como cinco años de ese evento y todavía se mantiene en el sitio la muleta trabada y dejada por Vicky en la Rampa B.

Es un objeto de excepcional valor histórico. Sigue siendo el mayor emblema que recuerdan los atormentados y aprisionados testigos de ese pasadizo.

En ese mismo lugar se exhiben varias fotos. Todas ellas colgadas a lo largo de la rampa. Entre esas imágenes, la más conmovedora es donde aparece Yubilis vomitando sobre la vestimenta de Arby. También están puestos un par de retratos de Atila mordiendo la manguera, así como unas ochenta fotos, en *close up*, mostrando el escote de Blanca Virginia.

En el Portón 24 se destaca un retrato gigante en donde se ven a todos los asistentes cuando estaban secándose en el patio de la panadería. Asimismo, se colgó una copia plastificada del recibo de los servicios de hospitalización que la empresa tuvo que pagar por el tratamiento de la indigestión estomacal y la recuperación del señor Eladio Licores. La ingesta exagerada de tantas empanadas juntas fue un acto imprudente que lo mantuvo en estado crítico por varias semanas.

Algo que debe revelarse en esta historia fue la transmutación de la arrogante hija del presidente. De verdad que no hace falta dar detalles adicionales. Lo más significativo a mencionar en estas últimas líneas es que la presunción, la vanidad y la pedantería son defectos ya borrados y que no forman parte de la personalidad de Vicky, la hermosa. Se lavaron y se fueron junto con la desvergonzada postura de Atila.

Y con este final feliz se comprueba que la arrogancia y el mazacote pestilente que nadie quería seguir oliendo en la Rampa B son, fuera de toda duda, la misma cosa.

COLOFÓN.

En la actualidad, ¿qué hacen los personajes de esta historia?

-Toribio Zuleta fue descubierto rondando la peluquería La Pasión de Frígida. Luego huyó hacia un país báltico. Presumiblemente Letonia o Finlandia.

-Doña Flor se casó con un hombre veinte años menor que ella y ahora dirige una agencia de turismo para travesías extremas.

-Wenceslao sigue en MEPICA. Ocupa un puesto como director principal. Atila vive en su casa.

-Eladio se hizo socio de la panadería Horno de Madeira y en la actualidad pesa como veinticinco kilos más.

-Vicky es una activista de una ONG que ayuda a las personas a conseguir trabajo. También da asesoría voluntaria a grupos de jubilados fuera de la seguridad social y a inmigrantes sin permisos laborales.

-Arby es jefe de protocolo y traductor oficial en la Corte Penal Internacional de La Haya, en su sede de los Países Bajos.

VOLVER

El día 27 de enero de 1982 entré por primera vez a recorrer el camino que conducía a Playa Campanero.

Luego de dejar la bulliciosa Autopista de la Costa, tomamos una estrecha y sinuosa carretera de doce kilómetros de largo, hecha con granza y tierra compactada. Era la única vía posible para llegar a esa prístina playa.

Por la margen izquierda, vigorosos cedros, cacaos, samanes y bucares apenas dejaban pasar los rayos de luz solar. En tanto, por la margen derecha del camino, discurría un pedregoso y torrencial río que guiaba sus aguas frescas al encuentro con el mar.

A mitad de la trocha nos detuvimos súbitamente para evitar la colisión con una pereza. La sorpresa fue mutua. Mientras ella huía asustadiza a la increíble velocidad de medio kilómetro por hora, nosotros observamos con agrado como esa masa de pelos se escondía entre la fronda.

El paisaje se hacía cada vez más bucólico, muy en especial, cuando el camino se cruzó con el río. En su remanso encontramos a un anciano, quien trataba de arriar a tres mulas y a un perro resabiado, deseoso de no salirse del agua.

—¿Maestro, está muy lejos Playa Campanero? —preguntó nuestro conductor.

—No, ¡qué va! Pronto van a escuchar las olas del mar y sabrán cuán cerca están de la costa —mencionó el viejo, mientras agarraba a su perro.

Dicho y hecho. Minutos más tarde, las olas se dejaron oír para anunciar la entrada a una hermosa playa, con elegantes palmeras, arena suave y brisa fresca.

El día 27 de enero de 2002, veinte años después, entré por segunda vez a recorrer el camino que conducía a Playa Campanero. Doce kilómetros de carretera asfaltada, moteada por baches, atravesada por grietas y flanqueada por basura a ambos lados, era el único camino que servía de conexión con Campanero.

En la margen izquierda, solo se distinguían los tarantines de zinc y ventas de fritangas. Al fondo, una niebla ocre apenas dejaba ver la existencia de una inmensa barriada. La polvareda arrastrada por la fuerte brisa se paseaba libre y constante, sin que ella pudiera encontrar ningún árbol capaz de retener su incómoda carga. A nuestra margen derecha, observamos un rosario de piedras. Únicas herederas de un pasado bucólico, las cuales trenzaban la ruta de un diminuto hilo de agua de incierta pureza.

Gracias a los buenos reflejos del conductor, el zagaletón que se nos atravesó en el camino no fue atropellado por el vehículo. Así como apareció, así también se esfumó. Nos detuvimos un instante para pasar el susto, mientras que unos transeúntes nos informaban que la gacela humana que habíamos visto acababa de asaltar a una de las treinta licorerías que discurrían a lo largo de la carretera.

Al paso de una hondonada del río, un mecate sostenido por un grupo de lugareños hizo detener nuevamente nuestro automóvil. El más parlanchín de ellos, luego de una perorata, pidió una colaboración para celebrar las festividades de carnaval y la coronación de Yuribixeidis I, la reina de belleza elegida por la comarca.

En ese instante, recordé que el sitio escogido por la alcabala pedigüeña era el mismo lugar donde una vez encontré a un anciano, dueño de tres mulas y de un perro resabiado. No reconocí el paraje porque cinco carros desvalijados opacaban su vencida belleza.

La memoria me indicaba que Campanero estaba cerca. Sin embargo, no recordaba bien qué tan próximo nos hallábamos.

—¿Joven, está muy lejos Playa Campanero? —preguntó el conductor.

—No, ¡qué va! Pronto van a escuchar las rockolas y minitecas del pueblo y sabrán lo cerca que están de la playa.

Dicho y hecho. Minutos más tarde, la música estridente y distorsionada por el viento se dejó escuchar para anunciar la entrada a la ranchería Campanero, antiguo lugar de playa, con elegantes palmeras, arena suave y brisa fresca.

Éramos el primer contingente de ingenieros y médicos sanitaristas que llegaba al sitio con la misión de poder controlar una grave epidemia de disentería. Solo espero que Yuribixeidis por lo menos goce de buena salud.

El breve relato que leerán a continuación lo escribí con el propósito de hacerlo participar en un conocido concurso literario celebrado en España. Confieso que el cuento no fue premiado y sospecho que uno de los jurados quiso experimentar con lo narrado en la trama. De ser afirmativa mi presunción, pues le ruego que me disculpe y espero que se mejore pronto.

EL REMEDIO MILAGROSO

Los noticieros comenzaron a divulgar mundialmente el reportaje. El Dr. Cacique Lamata había descubierto la fórmula para erradicar el morbo psicológico de la arrogancia.

Pacientes diagnosticados con esta enfermedad, conocida científicamente con el nombre de Engreimiento Petulante del tipo Jactancioso o EPJ, podrían curarse totalmente gracias a este hallazgo.

En una entrevista televisiva, Lamata reveló su secreto diciendo:

—Combine de forma homogénea el polvo de dos somníferos con el extracto de dos cápsulas laxantes y suministre dicha mezcla al paciente antes de ir a dormir. A la mañana siguiente el trastorno de la arrogancia habrá desaparecido. En caso de recurrencia, duplique la dosis.

LA TERQUEDAD BANCARIA

Un profesor universitario, con especialidad en literatura castellana, fue a su banco para realizar una diligencia particular. Luego de esperar por más de una hora en la sección de atención al cliente, por fin es llamado y lo hacen pasar a una oficina aislada de la muchedumbre.

Lo recibe una elegante señorita del servicio personalizado, quien lo aborda con una atractiva sonrisa, presentándose y además extendiéndole la mano cortésmente.

Antes de preguntarle al educador el motivo por el cual vino al banco, la joven le indica, con mucha emoción, que está muy cerca de romper un récord en esa agencia. A lo largo de ese día en curso, la empleada había completado el registro de veinte nuevas cuentas corrientes.

—Estoy muy feliz. Espero que usted también venga a 'aperturar' una cuenta corriente conmigo —dijo la chica, convencida en alcanzar su objetivo con la visita del profesor.

Sin hacer alardes acerca de su profesión ni tampoco de su especialidad universitaria, el desconocido académico respondió:

—Ojalá que lo logre hoy mismo, pero permítame informarle lo siguiente: me supongo que usted quiso decir 'abrir' una cuenta corriente.

—No, señor, el término correcto es aperturar. Fíjese en este folleto de promoción del banco que dice: "Venga a aperturar una cuenta en el Banco Frontera del Sur y gane una bella foto del gerente de esta entidad haciendo su primera comunión" —informó y leyó en voz alta la joven.

La señorita continuó explicando:

—También me complace agregar que, la junta del banco tiene una fundación cultural que se dedica a estimular la lectura y escritura. ¿Usted cree que van a permitirse un gazapo?

—Señorita, todo lenguaje en general sufre modificaciones armónicas a lo largo del tiempo, pero no podemos permitir que se atente contra el idioma castellano dándole cabida a semejante barbarismo —replicó el profesor.

—Mire, señor, me parece que usted debe informarse o instruirse mejor. El lenguaje bancario es uno de los más puritanos en lo que se refiere a divulgación pública —concluyó, secamente, la empleada.

El profesor la escuchó con mucha atención y luego apuntó:

—Está bien, joven dama. Gracias por tan elocuente explicación y sabios consejos. Además, le agradezco mucho su disertación idiomática. Viendo que ustedes son tan refinados, en realidad vine hoy al banco porque necesito 'cerradurar' mi cuenta corriente.

EL JURAMENTO

La elevada temperatura de la tarde llanera era imperceptible para Rubén. Por varios minutos, él mantuvo la mirada fija sobre la mujer que tenía al frente. La imagen de ella atendiendo en esa miserable bodega se escurría ante sus ojos. El color de la piel, la figura de su cuerpo y la sudoración del busto medio cubierto eran pruebas inequívocas para que se atreviera a hacerle una invitación que nada tenía que ver con lo que se vendía en el tugurio.

En el preciso momento en que la joven se dirigía hacia él para hacer entrega de su pedido, un juramento hecho por Rubén comenzó a rebotar en su cabeza. Empero, a medida que la muchacha se acercaba, la timidez de él fue ganando terreno:

—Mejor me quedo callado. No tengo la seguridad suficiente para justificar, o incluso implorarle, que venga conmigo —murmuró, tapándose los labios con la mano izquierda.

Rubén recibió su pedido, pagó y, antes de ir a abordar su auto, ella tosió suave. Ese era el mensaje que necesitaba. Tomó la decisión de devolverse y le solicitó encarecidamente que lo acompañara al vehículo y así llevarla a su sitio de trabajo.

Una vez en la oficina, estando los dos a solas, Rubén le despojó la blusa y prosiguió con la intención de saber mucho más sobre su intimidad. Siguieron viéndose en el transcurso de las siguientes semanas. Para ese tiempo, la confianza entre ambos había germinado y estaban casi seguros de cosechar un objetivo de vida y de interés mutuo.

Nueve meses después, fue a visitarla a la bodega. Ese día, el doctor Rubén Seijas pudo constatar que la tuberculosis ya no era una amenaza a la salud de su nueva paciente. El joven Seijas seguía siendo fiel al juramento.

Dedicado a un médico para quien el Juramento Hipocrático era su mantra de oficio. Al doctor Manuel Alfredo Prado Mendoza, mi papá.

HUMOR MARGARITEÑO

En casa de unos amigos de Caracas se celebraba una reunión familiar en la que había más de ochenta personas. En esa fiesta fue la primera vez que escuché y supe quién era Yordano.

Al ritmo de *"Bailando tan cerca"*, *"Perla negra"* y *"Aquel lugar secreto"*, el buen ánimo de la parranda hacía que la noche fuese eterna, sin que los relojes se atrevieran a dar alguna advertencia.

Luego de mi quinta Pepsi-Cola con jugo de naranja tuve que averiguar por las coordenadas del baño. Rumbo al mismo y a escasos metros de la puerta del sanitario, me encontré con un personaje difícil de no reconocer a primera vista. Esperando su turno por entrar me topé con Luis Beltrán Prieto Figueroa.

Para quienes no conocen a Prieto Figueroa les digo que fue uno de esos ilustres venezolanos merecedores de nuestro agradecimiento, admiración y reconocimiento permanente. De todas maneras, voy a abstenerme de dar referencias sobre este egregio margariteño[30] porque para eso existe *Wikipedia*. Además, no es el propósito de esta anécdota mostrar las incontables virtudes y aportes de Prieto Figueroa porque si no este relato se haría extensísimo.

Lo que quiero señalar en mi modesta y corta historia es su agudo sentido del humor, quien, con más de ochenta y pico de años en su cuenta, se veía muy bien y con suficiente energía para disfrutar de la celebración.

Lo saludé con mucho respeto y me autopresenté. Cuando escuchó mi nombre completo, preguntó:

—¿Me dijiste que tu apellido es Prado?

—Sí, maestro Prieto. ¿Conoce a alguien con ese apellido?

Prieto se quedó pensando un rato e indicó:

—La verdad que no. Pero cuando lo mencionaste eso me recordó algo que quiero preguntarte. ¿Tú manejas? ¿Tienes carro?

Obviamente quedé sorprendido con semejantes interrogantes y de todas formas señalé que ambas respuestas eran afirmativas. Después lo sondeé:

—¿Por qué me lo pregunta?

—Es que yo vivo en la urbanización Prados del Este y necesito buscar a alguien que me pueda llevar hasta mi casa.

Luego de ese lanzamiento con piquete no me quedó otra alternativa que decir que sí. Lo hice por tres razones: A) por ser un buen

---

30. Margariteño: Oriundo de la Isla de Margarita, estado Nueva Esparta, Venezuela.

samaritano; B) porque era un gran honor y una excelente oportunidad para ayudar y seguir conversando con el maestro Prieto y C) porque en esos días yo estaba saliendo con una chica 'culturosa' a quien le encantaría saber que, al terminar la fiesta, debíamos llevar a mi súper-pana[31] Prieto Figueroa a su casa.

Cuando mi compañera los supo, la sorpresa fue de éxtasis total:

—¿Y tú conoces a Prieto? —indagó ella.

Mi réplica fue escueta e intrigante:

—¿Cómo tú me vas a hacer esa pregunta? Mejor no la respondo porque la duda ofende.

Salimos con destino a Prados del Este como a la 1:15 de la madrugada y, por el lapso de unos veinte minutos, estuvimos disfrutando de cuentos sobre su juventud cuando él vivía en la Isla de Margarita. También nos hizo una crónica breve del momento en que derrocaron al presidente Rómulo Gallegos y él era ministro de Educación.

Estando próximos a llegar a su residencia, Prieto mencionó que su casa era aquella, indicando con el dedo una quinta que se llamaba 'Ancha y Ajena'.

Despidiéndonos y agradeciendo mutuamente la ocasión de haber conversado tantas cosas interesantes, no quería quedarme con la curiosidad acerca del origen o la razón del nombre de su vivienda.

—Maestro Prieto, antes de que usted se vaya, ¿puede decirnos por qué su casa tiene ese nombre tan extraño?

Prieto respondió:

---

31. Súper-pana: Amigo de muchísima confianza.

—Ancha para los amigos que me visitan. Ajena porque no la he terminado de pagar. Todavía se la debo al banco.

Relato dedicado a los queridos habitantes de la 'Perla del Caribe'; así también denominan a la isla de Margarita.

EL CHOPONCIO, MODELO 3.1

Viajando por la Autopista de Oriente, mis hijos Juan Diego y María Lucía, de nueve y seis años, respectivamente, me preguntaron dos cosas con mucho interés:

—¿Explícame qué es el Socialismo del Siglo XXI? —inquirió Juan Diego.

—¿Cuál es el mejor carro del mundo? —pidió María Lucía.

Estuve pensando por unos minutos y opté por contestar la segunda de las dos interrogantes. Respondí convencido que el gran automóvil del momento era el Choponcio, Modelo 3.1.

—¿Qué vaina es esa? —fue la genuina expresión de sorpresa dicha en coro.

Comenté que ese auto era la perfecta invención del transporte unifamiliar, creado por todos los países comunistas del mundo. Para la fecha, el Choponcio 3.1 había sido el único proyecto capaz de unir todo el ingenio de los científicos más notables de esos países.

Los chamos[32] quedaron intrigados por esa respuesta. Incluso, buscaron refugio en la opinión docta y erudita de Mariana, mi esposa, y así convalidar la existencia de esa maravilla tecnológica.

La réplica de la madre fue sobriamente escueta:

—Mejor me quedo callada. El nombre de esa cosa más bien parece la marca de un detergente quita grasas de ollas y platos sucios.

La escena quedó servida para que yo solo pudiera responder la batería de interrogantes acerca de cuáles eran las bondades y las características técnicas que hacían de este vehículo la cúspide del transporte automotor del siglo XXI.

Confieso que soy ignorante en materia de mecánica automotriz. Sin embargo, no estaba nervioso por las futuras preguntas acerca del funcionamiento del Choponcio 3.1, ya que, para esas edades, mis hijos no tenían interés en indagar sobre aspectos técnicos tales como: el tipo de cigüeñal, la tracción de las ruedas o las bombas peristálticas.

Las mujeres primero —señalé, y María Lucía preguntó:

—¿Cómo es la corneta?

—La corneta híper-atómica de amplio espectro es un trompetín de cartón. Se saca por la ventana del conductor y se sopla muy fuerte cuando el chofer necesita hacer su llamado de alerta. No puede exponerse a la lluvia porque se deshace en la mano.

Unos segundos después, tocó el turno de Juan Diego:

—¿Tiene sistema *Air-Bag*?

---

32. Chamos. Es un venezolanismo. Significa jóvenes, muchachos o chavales. Chama(s) es la expresión femenina.

—Por supuesto. Se conoce como Almohada-Bag. Para proteger al conductor, el ingenioso método de seguridad del Choponcio tiene incorporado, de manera permanente, una almohada amarrada al volante con cinta adhesiva. Para garantizar la seguridad del copiloto, el automóvil mantiene fijado a la guantera un pedazo de goma espuma del mismo color de la almohada-bag del chofer. El trozo de goma espuma está elegantemente engrapado en la periferia de la guantera. Los pasajeros de la parte de atrás tienen la opción de ponerse unos cojinetes en la cabeza, con apertura para la boca y los ojos. De esta manera, los usuarios de los asientos del fondo pueden ver y conversar confortablemente mientras viajan en este maravilloso carro comunista.

—¿Posee aire acondicionado? —indagó María Lucía.

—Una de las cosas más novedosas del Choponcio 3.1 es su aire acondicionado. Consiste en una gran tapara[33] llena de mentol chino y, cuando hay calor, los pasajeros se untan esta jalea en la piel y luego abren las ventanas para que el viento pueda enfriarlos de manera rápida y homogénea.

—¿Es veloz? —emocionado, apuró en saber, Juan Diego.

—Hijo, excelente pregunta. Este es el único carro en el mundo que supera la velocidad del sonido. Con decirte que viaja a rapidez máxima de ruido. A lo largo de las carreteras por donde transita este auto se escucha un escándalo tan atronador que la gente lo puede oír a más de dos mil metros de distancia. Las personas que han experimentado el paso del Choponcio muy de cerca dicen que se parece al ruido de una ponchera de peltre cayendo por un farallón de piedras.

---

33. Tapara: Vasija hecha con el fruto del árbol 'taparo' (*Crescentia cujete*).

—¿Cómo es el sistema de seguridad contra robos? —continuó, interrogante, María Lucía.

—Otra maravillosa pregunta. Para evitar los robos, la agencia de ventas del Choponcio 3.1 le entrega al nuevo propietario del vehículo una caja que tiene adentro una inmensa cascabel para que el conductor la suelte dentro del carro en aquellos estacionamientos sin vigilancia. La culebra se enrolla en el volante y aterroriza a cualquiera que intente meterse dentro del auto. Para recoger y devolver la serpiente a su caja, el conductor tiene que pedir ayuda a los bomberos.

Juan Diego, con los ojos entornados de sorpresa, insistió con otra curiosidad: —¿Qué me puedes decir de las luces?

—Es aquí donde los genios que diseñaron el Choponcio lograron su máximo esplendor. Los focos son encendidos por el chofer a través del movimiento reiterativo de una manivela que activa una bobina de generación eléctrica, haciendo que esta permita el alumbrado de los reflectores. Las luces brillan en proporción directa a la velocidad con que el chofer gira la manivela. Si por casualidad el conductor se cansa, el copiloto o copilota puede hacerse cargo de la manivela, teniendo la precaución que dicha palanca de giro no vaya a soltarse y termine golpeando alguna parte íntima y muy sensible del conductor, poniendo así en riesgo el control del vehículo.

—¿Hay algo que puedas decirnos sobre la radio? —fue la siguiente indagatoria de María Lucía.

—Esta es otra mega novedad. La radio del Choponcio solo sintoniza las emisoras afectas al gobierno comunista. Esas radios se escuchan en colores cuando hay algún mensaje especial del dictador de turno. Para cualquier otra programación regular, las transmisiones se oyen solo en blanco y negro.

—¿Me supongo que vienen con cinturones de seguridad? —preguntó Juan Diego.

—Este tipo de cosas hace tiempo que no se utilizan en los países comunistas. El Choponcio emplea un sistema mucho más moderno. Se llama mecate de seguridad. Son unas gruesas cabuyas de sisal que se amarran transversalmente al asiento y se ajustan al cuerpo mediante un nudo marinero. La atadura recomendada viene ilustrada en el manual del vehículo. Para la seguridad de los infantes menores de cinco años, se emplea un andrajo con pabilo. Los niños son atados firmemente en sus respectivos asientos como si fueran unas crisálidas o el mismísimo Gulliver enlazado en la Isla de Liliput.

—¿A que no tiene cenicero? —dijo, en tono retador, María Lucía.

—¿Cómo me vas a preguntar eso? Por supuesto que lo tiene. De hecho, es un cenicero-basurero sustentable. Consiste en una rosca de madera localizada entre el medio de los asientos. Al desenroscar esa tapa se abre un hueco en el piso del carro y todo lo que echas por ese orificio va a caer directamente en la vía.

—Si tiene cenicero, entonces tiene encendedor de cigarrillos, —agregó Juan Diego llevando a su boca un creyón de cera.

—Tiene un encendedor multivalente, marca ACME Comunitario. El mismo viene acompañado de un guante de protección. Se trata de un pedazo de cabilla de medio metro. Cuando alguien desea encender un cigarrillo, el interesado abre una de las puertas y saca la cabilla mientras el vehículo está en movimiento. Expone ese trozo de metal a la fricción del asfalto y cuando la punta externa de la cabilla haya alcanzado el 'rojo vivo', se retira de la vía. En ese momento ya se puede utilizar como encendedor. El guante se usa para no quemarse mientras el metal se calienta.

—¿Y cómo son los asientos? —contrapunteó María Lucía.

—Hay tres modelos. El de lona gruesa unicolor, una versión muy económica pero que raspa la piel de los pasajeros. Luego viene la opción de asientos de cuero de cochino[34]. Esta modalidad raspa muchísimo menos que la anterior, pero hay la posibilidad de que tenga algunos pelos que molesten a los usuarios. Por último, tenemos la versión lujosa de cuero de bolas de toros. Muy suave y tersa al tacto, pero cuando hay frío, el cuero se encoge abruptamente y deja al descubierto el armazón de los asientos.

—¿Cuáles son los colores que hay para la venta? —concluyó el interrogatorio Juan Diego.

—Es la gran pregunta que estaba esperando. El mercado de proveedores del Choponcio 3.1 ofrece cinco colores refinados: Blanco Caspa, Negro Morcilla, Beige Mediocre (medio-ocre), Azul Pantaletas y Rojo Socialista. El modelo que más se vende entre la población de escasos recursos mentales es el modelo comunista Rojo Socialista.

Luego de la magistral promoción comercial del Choponcio, Modelo 3.1, ya no ameritaba que respondiera la primera pregunta. Cualquier explicación sobre esa interrogante hubiese sido innecesaria. Ellos habían entendido tácita y claramente las miserias del Socialismo del Siglo XXI.

---

34. Cochino: Nombre que se le asigna también al marrano, chancho o cerdo.

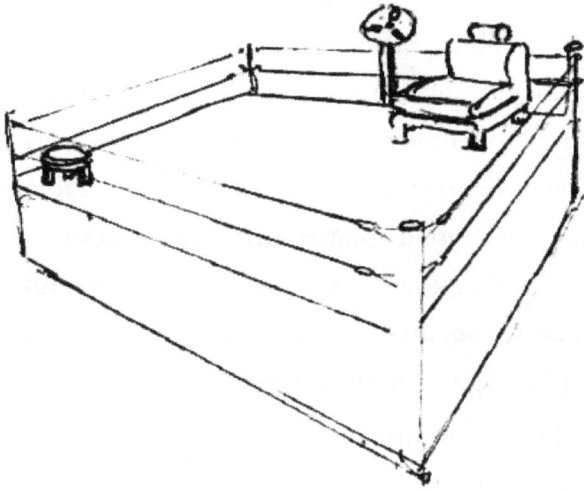

UN BUEN REGALO

PARTE I: LA ADAPTACIÓN.

Por motivos que no vale la pena mencionar, a mediados de 2007, mi familia y yo nos vimos en la necesidad de buscar nuevos destinos laborales fuera de nuestro país.

Gracias a la providencia y a la sólida formación profesional, mi esposa y yo logramos conseguir unos excelentes trabajos en una nación en donde las posibilidades de crecimiento no dependían de un color político, sino de las sólidas capacidades laborales.

Texas fue la tierra que nos abrió las puertas. Era la primera vez que mi esposa, Mariana, y nuestros dos hijos se hallaban ante las amplias llanuras de los ríos Búfalo Bayou y Brazos de Dios. Un paisaje muy contrastante si se compara con los agudos relieves de las cordilleras de Venezuela.

Aparte de las preocupaciones típicas del noviciado geográfico y profesional, también estábamos inquietos por la adaptación cultural de los dos infantes herederos. En especial por el idioma. En todo momento nos planteamos varias estrategias de cómo hacer para que los niños aprendiesen una nueva lengua sin perder su idioma materno. Sobre todo, en el caso de María Lucía, quien se disponía a comenzar primer grado. Para nosotros era prioritario que mantuviese un nivel digno de castellano, más aún, siendo ella nieta de un miembro de la Academia Venezolana de la Lengua Española.

Juan Diego, mi hijo de nueve años para esa época, recién había terminado su tercer grado y dominaba de manera consistente el idioma castellano. María Lucía, quien tenía seis años de edad, por el contrario, poseía una incipiente comprensión de la lectoescritura del español. Para esa fecha apenas alcanzaba a escribir su nombre y algunas palabras no mayores de dos sílabas.

Como era de esperarse, los primeros días en Texas fueron harto difíciles para los niños. A duras penas sabían responder en inglés de dónde venían y cuáles eran sus edades.

Comparándonos con ellos, nuestra habilidad en el manejo del idioma local pudiera decirse que era aceptable. Mariana y yo arribamos con un nivel cognitivo que nosotros bautizamos como 'Tarzán Avanzado', suficiente para hacernos respetar profesionalmente, pero con la pujante motivación de conquistar el grado inmediato superior, el cual nosotros lo identificamos como 'Jane Básico'.

Obvio que jamás tuvimos la petulancia de acercarnos a la pronunciación, sintaxis y fortaleza gramatical del nivel 'Jane Superior'. Confesamos y estamos convencidos de que es muy complicado obtener la cota de excelencia que ostenta la propia Jane Porter, quien, a pesar de ser la mujer de Tarzán, nadie puede dudar que habla un refinadísimo inglés con acento londinense.

Dicho esto, pasemos a ver el medio en el cual se desenvolvía nuestra hija. Es tácito intuir que el entorno para robustecer el nuevo idioma mostraba un sinfín de ventajas. Por el contrario, las condiciones destinadas a consolidar el legado hispanoparlante de la jovencita eran muy desfavorables. El ámbito del conflicto idiomático se había configurado de la siguiente manera:

* Sus amigos y compañeros de escuela hablaban casi todo el tiempo en inglés.
* Las películas que María Lucía veía en el cine las exhibían en inglés.
* Su clase de gimnasia se impartía en inglés.
* Los libros que leía estaban escritos en inglés.
* Los canales de TV vistos en casa se transmitían en inglés.
* Con su hermano Juan Diego jugaba, discutía y, por supuesto, también peleaba en inglés.
* Por último, las principales asignaturas escolares se dictaban en inglés.

Tan solo quedaban las conversaciones con Mariana y conmigo durante las horas de cena o los fines de semana, así como también alguna que otra llamada telefónica con abuelos, tíos y primos, en cuyos respectivos casos se hablaba exclusivamente en español.

En términos boxísticos, podría decirse que estábamos ante un cuadrilátero, en donde en una esquina estaba Cervantes (en categoría de peso pluma), quien se enfrentaba a un Shakespeare (en categoría de peso completo), dando por entendido que, el árbitro, los jueces y la muchedumbre estaban a favor del pupilo británico.

Al cabo de unos meses de haberse iniciado las clases, los niños ya se movían como peces en el agua en cada una de sus escuelas. En ese mismo período de mestizaje cultural, ambos chavales lograron alcanzar un nivel de inglés bastante fluido. En particular, María Lucía, quien al poco tiempo lo conversaba como cualquier nativa del sur de Texas.

Definitivamente, los primeros '*rounds*' habían sido a favor de Shakespeare.

PARTE II: LUEGO DE CUATRO AÑOS YA ES ASUNTO DE MUJERES.

María Lucía heredó de su madre casi todo. Copió su belleza, paciencia, talento e inteligencia. También mimetizó la manera de hablar: suave, sosegada y tranquila. Sus oraciones constantemente están adornadas con palabras de amor y posee una forma asertiva de comunicación. Las expresiones de disconformidad son frases tales como: 'eso me gusta, pero a mi estilo'; 'conozco otras cosas mejores'; 'por favor dame una opción diferente'; etc. Todas ellas significan lo mismo: … ¡No quiero!

Tal y como les ocurren a los clones, María Lucía también heredó el estilo refinado de la madre. Ambas parecen y se creen descendientes de alguna realeza imperial. Debo confesar que es una actitud que me agrada. Siendo yo un modesto plebeyo, pues la admiración se hace mayor.

Estoy seguro de que no soy el único que tiene esta ambientación en su hogar. Entre mis amigos he visto varios ejemplos similares. Para aquellos padres y esposos que tienen en casa a este tipo de damas con tendencia nobiliaria, sabrán bien que para ellas la contabilidad del tiempo 'NO' se rige dentro del marco de la física clásica newtoneana. Los lapsos de las personas de sangre azul se pueden estirar a su conveniencia. Sobre todo, cuando se visten en la mañana antes de salir a la escuela (como en el caso de la hija) o para ir al trabajo (como en el caso de la madre).

Pero María Lucía no estudia en un colegio adjunto al Palacio de Buckingham. Ella asiste a una escuela provinciana del sur de Texas y los relojes de los autobuses del transporte público de los Estados Unidos no se detienen ante los designios del secador de pelo, los zarcillos o la selección del suéter. El sitio en donde vivimos es vecino al municipio que alberga nada menos que a la sede de la NASA. En esta zona es contraproducente cualquier ardid contra el tiempo.

En una fría mañana decembrina, las lentitudes típicas de estas princesas se habían exacerbado. María Lucía, ahora con diez años de edad y siendo una estudiante de cuarto grado, pues mostraba mayores requisitos para completar su vestimenta. No hay que ser un adivino a fin de saber que el frío y la oscuridad del invierno reducen las velocidades de actuación, con lo cual se hace difícil cubrir dichas exigencias en un tiempo prudencial.

Para continuar con este relato es necesario aclarar que, entre las responsabilidades de la casa, se me tiene asignado la misión de llevar en mi carro a María Lucía hacia la parada de su transporte escolar. Tarea que de por sí requiere de altas dotes de negociación y paciencia.

Como era de esperarse, en esa glacial mañana las agujas del tiempo corrían vertiginosas en el reloj colgado en la cocina. La hora de salida para dejarla al frente de la parada de autobús estaba entrando en fase de alarma.

Con las llaves del automóvil en la mano, me acerco a la sala y veo que la muchachita, todavía a medio vestir, está molestando a Romeo, nuestro querido y holgazán gato.

—¡Apúrate! Deja de manguarear[35] con Romeo. Es tarde y te faltan los zapatos y el abrigo. Afuera está haciendo menos tres grados centígrados —le dije en tono de regaño.

Ella, con la calma que le otorga su estatus nobiliario, contestó:
—¡OK!... *Don't panic, I am not 'mangüering' with Romeo.*

PARTE III: SER O NO SER, AHÍ ESTÁ EL DILEMA.

¡Acertaron todos! Ese día María Lucía y yo salimos casi al minuto límite para alcanzar su transporte escolar. Nos metimos en el vehículo muy rápido y tiritando. Ella se apostó en el asiento trasero, con su lonchera colgando en uno de sus brazos, sus trenzas a medio amarrar, su morral repleto de cuadernos y un par de ganchos de pelo sujetados provisionalmente entre sus labios.

Llegamos al sitio. Todavía oscuro y con mucha neblina vimos que el transporte se disponía a partir. Le hice el cambio de luces para indicarle que faltaba una de sus pasajeras.

Al instante, ordené a María Lucía: —Muévete rápido. Están esperando por ti.

En ese momento, mi hija intentó abrir la puerta, pero sin éxito. Esta, por algún motivo inexplicable, se había trabado. Ella, con una mano ocupada y la otra disponible, volvió a intentarlo y, escupiendo los ganchos de pelo, exclamó:

—*It is locked. I can not open it.*

—Inténtalo de nuevo. ¡Te van a dejar! —le hice saber, con firmeza.

---

35. Manguarear: Es un venezolanismo. Significa malgastar el tiempo sin hacer nada.

No le quedó más remedio que sacar de su interior toda su fuerza y pasión. Agarrando la perilla con la mano libre, la trajo hacia adelante con firmeza, al tiempo que gritó: —¡COÑO!, ábrete ya.

De manera mágica la puerta cedió a lo ancho y largo. María Lucía salió como una centella, se desplazó veloz a través de la niebla y logró escabullirse, con elegancia, entre las hojas batientes de la puerta del autobús, segundos antes de que el mismo iniciara la marcha.

Quedé atónito. Jamás le había escuchado una expresión con tanta voz de mando. Hasta un sargento de caballería hubiese bajado la cabeza ante esa orden.

¿Qué hago cuando regrese de su escuela? ¿La regaño por esa exclamación fuera de regla?

Inmediatamente recapacité y, de manera analítica, pensé: «¿acaso esa no fue la misma expresión que se le oyó gritar a la Reina Sofía, luego de celebrar el gol que le dio el título a la selección de España en el Mundial de Sur África? ... ¿Cuál sería la diferencia?»

Ambas personas manifestaron sus respectivos momentos de extrema tensión, que, a fin de cuentas, son situaciones que solo pueden liberarse a través del uso altisonante de esa palabra tan castellana.

En ese instante me percaté del maravilloso regalo que había ofrecido María Lucía. Con su apasionada exclamación, libre de formalidad, mi hija concedió algo hermoso. Me había obsequiado la certeza de que ella es y será siempre: genética, cultural y sentimentalmente... venezolana.

Solucionado este dilema existencial, vino a mi mente la figura de Shakespeare y Cervantes conversando con sumo agrado en el cuadrilátero. Tengo la seguridad de que ese combate terminó en igualdad de puntos. Al réferi y a los jueces no les quedó más remedio que decretar tablas. Un empate técnico con sabor a triunfo para un quijotesco pupilo, quien vino procedente de un lugar de la América hispana, de cuyo nombre sí quiero acordarme.

β =

β =

EN NINGÚN PAÍS HISPANOPARLANTE SE HABLA BIEN EL CASTELLANO

Tengo la fortuna de contar entre mis amigos con un capitán de la Marina Mercante Española. Un ser de comprobada filantropía y con un marco profesional de alta competencia. Es uno de los pocos oficiales mercantes que yo conozco, quien estuvo en el medio de los intercambios de cohetes y bombas que se lanzaron en el Estrecho de Ormuz cuando se inició la Guerra del Golfo Pérsico. El detalle de este episodio histórico es que, mi estimado camarada y navegante ibérico era el responsable de conducir a un súper tanquero que transportaba varias centenas de miles de barriles de combustible y que cualquier bengalita de juguete que hubiese caído sobre el barco, lo hubiera convertido en una tea monumental, con toda la tripulación adentro.

Me niego a revelar el verdadero nombre de este valiente marinero porque eso demuestra que soy su amigo. Además, conociendo su humildad, él no le daría mayor importancia.

Sin embargo, no voy a hablar de sus virtudes profesionales y humanas. En realidad, quiero contarles un pasaje emblemático que refleja el sempiterno problema que tenemos los hispanoparlantes cada vez que algún coterráneo de un país de habla española se encuentra con otro paisano originario de alguna de las otras veintiún naciones en donde se usa el castellano como lengua oficial.

Estoy persuadido de que ustedes habrán escuchado miles de confusiones. Incluso, seguro fueron testigos de muchas desvergüenzas producto de erróneas interpretaciones. Me refiero a palabras o frases que en un país significan una cosa sobria y, que en otra nación hermana, esa misma expresión se interpreta como algo diferentísimo y muy comprometedor.

A pesar del inmenso esfuerzo que hace la Real Academia de la Lengua Española para poner orden a esta ensalada de modismos castellanos, las confusiones siguen presentándose de manera reiterada y, sobre todo, apremiantes.

Pongámosle un nombre bastante común a este capitán para seguir con la historia. Algo así como: Remigio Del Almanzora.

El capitán Remigio llegó a Venezuela con el fin de ocupar un cargo de alta responsabilidad marina en la embarcación petrolera más gigantesca y jamás vista en las aguas territoriales de nuestro país. Era tan grande la nave que ni siguiera hubiese cabido en las nuevas esclusas del Canal de Panamá. Tenía la dimensión de casi tres canchas de fútbol… y no estoy exagerando porque yo trabajé en ese barco.

Ante esa difícil y complicada responsabilidad, los gerentes y empleados le teníamos una especial admiración al capitán Remigio. Vale también agregar que nuestro protagonista era un hombre forjado en los siete mares, con un sólido liderazgo, amplia cultura y dominio de varios idiomas.

Luego de aceptar el cargo como el principal dirigente de esa montaña flotante, todos los técnicos, ingenieros y gerentes tuvimos una 'mesa redonda' con él para tratar los aspectos básicos de las operaciones marinas. Era la primera vez que nos reuníamos con la nueva autoridad de ese barco y todos estábamos ansiosos de escuchar al líder naval.

El encuentro se inició con las presentaciones individuales de cada uno de los asistentes y los respectivos cargos funcionales. Seguidamente, pasamos a aclarar los tópicos sobre cadena de mando, las reglas de higiene, seguridad y ambiente, las prácticas de excelencia y las actitudes de buenas costumbres.

A continuación, trajimos el marco sobre los códigos de vestimenta a ser utilizado en el navío y se estableció que la tripulación debía usar bragas de trabajo en los sitios localizados fuera de la zona de camarotes, puente de mando y área social del barco.

El capitán se paró de inmediato y dijo:

—¡Joder! Yo pensaba que estaba ante gente seria. ¿Es que vosotros sois palomos cojos? Ni borracho acepto eso. Antes tendríais que matarme. Me niego a usar un cubilete de esos.

Y siguió refunfuñando, bravo, pero con la misma serenidad y firmeza con la cual insultan los personajes de las novelas de Benito Pérez Galdós:

—¿Vosotros tenéis los testículos de adorno? Yo soy un capitán español y reserva de la Armada Real de su Majestad. ¿Quién se habéis creído que soy yo?

El gerente del proyecto cortó en seco el barullo y le increpó:

—¡Pero bueno, Capitán Remigio! ¿Cuál es el problema de usar bragas? Hasta el presidente de la empresa ha usado esta vestimenta desde que empezamos a construir la embarcación.

Del Almanzora volvió a la carga con toda precisión y como si estuviera lanzando un torpedo desde un submarino, señaló:

—¡Ah!, ¿pero es que hasta el anciano ese también ha perdido su hidalguía? ¿En dónde coño he caído yo? ¿Qué clase de manicomio es este?

El gerente de Recursos Humanos hizo un alto en la diatriba y le preguntó al marino:

—Capitán, antes de continuar con esta discusión, ¿nos puede decir qué entiende usted por braga?

—Pues eso es un *blúmer*, una bombacha. Ropa íntima de mujeres —contestó el gran Remigio.

Al minuto, todos los asistentes le hicimos saber que, para los venezolanos, una braga era lo mismo que un overol.

—¿O sea que ustedes le llamáis braga a los mamelucos? Escuchad bien, eso se conoce como mameluco. Así es como le decimos en Galicia, Uruguay y también en la Argentina, —agregó el capitán.

Al oír esa palabra tan, pero tan anodina (por no decir mariconísima), todos nos vimos la cara y apostamos por guardar silencio. Por la mente de cada uno de los venezolanos presentes en el salón pasó una imagen torturante, en la cual entrábamos en una tienda de ropas industriales (ya sea en Maracaibo, Caracas, Guanta o Punto Fijo) y le preguntábamos a esos tipos rudos que están en el mostrador: … «Señor, ¿usted me puede enseñar unos mamelucos?».

Fue un verdadero milagro poder aguantar la joda ante el anuncio de esa nueva palabra del español puro y castizo.

Un rato después, el mar agitado de la conversación inicial volvió a la calma. El capitán ordenó recoger las velas para seguir cubriendo los temas técnicos y operativos del barco. Introdujimos una pequeña variante en la bitácora de la reunión y proseguimos nuestro trabajo hablando todos en perfecto inglés.

19	20	21
POTASIO 39.098	Ca CALCIO 40.078	Sc ESCANDIO 44.956

ELEMENTO QUE LADRA NO MUERDE

Dedicado a Karelys, Irene, Adriana y María Alejandra.
Más hermanas que primas.

Llamar 'hermanas' a mis primas Karelys, Irene, Adriana y María Alejandra no solo es una verdad de carácter fraterno, también se refiere a un hecho de convivencia familiar, ya que, durante mi época de bachillerato, yo viví en la Comunidad Cardón de Paraguaná[36] con mis primas Graterol Jatar por un lapso de tres felices y estupendos años. Trienio que atesoro y guardaré agradecido por el resto de mi existencia.

---

36. Paraguaná: Península ubicada en el estado Falcón, al noroeste de Venezuela.

Parte I.

A mediados de 1975, el consentidor de mi tío Tito tuvo la genial propuesta de consultar a todos en casa por la adopción de una mascota. La sugerencia fue muy bien recibida y dimos nuestro incondicional apoyo con un unísono 'SÍ' que se prolongó por varios segundos.

Estuvimos aguardando por la fecha de arribo del nuevo integrante, hasta que una tarde, mi tío entró sigiloso por el garaje y anunció la llegada de la esperada mascota. Dejamos apartadas nuestras tareas escolares y todos salimos corriendo como gacelas para el encuentro con... con algo que no sabíamos qué era.

La sorpresa fue mayúscula, pero su dimensión fue significativamente minúscula, puesto que se trataba de un cachorro pequinés de tres meses de nacido. Una especie de molécula peluda, de color negro brillante, que sí no hubiese sido por sus cuatro patas y la cola, en vez de perro, parecía más bien un erizo de mar.

El perro pasó de mano en mano y nadie quería soltarlo. Luego, lo pusimos en una mesa y lo estuvimos observando con mucha atención durante una hora, hasta que llegó el instante de preguntarnos... ¿Y cómo se va a llamar?

Las ofertas de nombres saltaron desde todos los ángulos y puntos cardinales de la mesa. La opción que iba ganando terreno para ese momento era 'Negrín', aunque yo todavía no había ejercido mi derecho de expresión y voto. A la postre, preguntaron por mi opinión y dije muy seriamente que ese perro debía llamarse 'Potasio'.

—¡Guácatela! ¡Qué nombre tan feo! —advirtieron mis primas, arrugando todas ellas sus caras—. ¿Cómo se te ocurre llamar a esta lindura con ese nombre tan espantoso? —completaron las chicas.

Comenté que Negrín es un apellido. Es como llamar al perro Echenagusia, Acevedo, Pacheco o Irausquín. Por otra parte, alerté que, si utilizábamos el nombre de Potasio, seguramente ninguna mascota en un perímetro de seis mil kilómetros a la redonda pudiese tener ese mismo apodo. O sea, que nadie iba a confundirlo con otro perro, gato, chivo, caballo o pterodáctilo del vecindario.

Haciendo uso de otros argumentos, les expliqué que cualquier animal casero debía sentirse orgulloso en llamarse igual que el elemento químico que ocupa la posición número 19 en la Tabla Periódica. Sería como un merecido reconocimiento a esa gran sustancia de tanta relevancia en los procesos biológicos. Algo así como una condecoración familiar o reafirmación científica en agradecimiento a su efectivo servicio para la prevención de los calambres o desmayos durante nuestras actividades deportivas.

De nada valieron mis argumentos. Sencillamente Potasio era un nombre feo. El perro debía llamarse 'Negrín' y punto. No más discusiones ni votaciones.

Las agujas del reloj de la pared comenzaron a inyectarnos la dosis de somnífero propia de la media noche. Antes de irme a mi cuarto, pasé por la cama-cesta donde se encontraba el tal 'Negrín'. Me acerqué a uno de sus oídos y le susurré:

—Prometo que te vas a llamar Potasio.

Parte II.

Para que el nombre propio de un cachorro termine de asirse con firmeza en la memoria del animal, el amo o sus dueños necesitan dos cosas importantes: 1) haber participado en alguna celebración de carnaval y 2) aprobar la asignatura de Psicología dictada en el cuarto año de bachillerato.

Ahora; ¿qué carajo tienen que ver los carnavales con la psicología? Pues sencillamente haber utilizado con destreza una pistola de agua y tener conocimiento de los experimentos de reflejo condicionado efectuados por Iván Pavlov. Ambas herramientas fueron mi fuente de inspiración para lograr que 'Negrín' se convirtiera… o, mejor dicho, se transmutara químicamente en 'Potasio'.

A fin de alcanzar el reflejo condicionado de rechazo se empleó una técnica muy sencilla. Cuando no había testigos por la zona, yo me acercaba al perro y, armado con mi pistola de agua, lo llamaba: ¡Negrín!, e inmediatamente se escuchaban varias descargas hídricas: fsssh, fsssh, fsssh. Luego del asalto a 'mano aguada', me retiraba del sitio, cual malandrín de terminal de autobuses, asegurándome que el perro hubiese anclado y asociado el vocablo 'Negrín' con la afrenta acuosa.

El procedimiento para conseguir el reflejo condicionado de acercamiento fue absolutamente contrario. Lo esencial era buscar un mecanismo de seducción irresistible. En esta fase experimental entra a jugar un papel importante mi querida tía Aura, quien, sin darse cuenta, fue partícipe de mi complot patronímico.

Mi tía siempre nos compraba generosas cantidades de galletas, de gran variedad de colores, olores y sabores. Entre esas exquiseces sobresalían unas de guayaba, las cuales eran la delicia de nosotros. Ni siquiera 'Negrín' escapaba a la veneración de esas particulares galletas.

¡Correcto! Todos ustedes dieron en el blanco. Este fue el mecanismo decisivo de seducción.

En ausencia de testigos y niñas chismosas por la zona, yo me iba a la despensa y desembolsaba un par de galletas delante del perro. Con lentitud, las hacía pasar por la nariz del cachorro, diciendo clara y diáfanamente la palabra PO-TA-SIO de manera reiterativa y cariñosa. Cuando la salivación del perro alcanzaba su cenit y un manantial de baba se escurría por su quijada, le dispensaba las galletas. En menos de un segundo, las mismas eran devoradas, sin que se oyese el menor ruido.

El ensayo secreto duró una semana. Pasado este tiempo prudencial, expuse al público familiar mi humilde tesis de observación y, con la inocencia de un monaguillo, les dije a mis primas que el perro no obedecía cuando lo llamábamos 'Negrín'. De hecho, hasta manifestaba un deseo de fuga al instante que enunciábamos esa palabra. Contrariamente, por alguna razón inexplicable, él aceptaba con gran gusto el nombre de Potasio y venía hacia nosotros raudo, feliz y hasta babeando.

—¿Qué cosa tan extraña, ¡ah!? Yo creo que el perro quiere llamarse Potasio. Ustedes pueden hacer sus propias observaciones, pero mi hipótesis ha sido comprobada y esa es la conclusión a la cual he llegado —Expresé con bastante seriedad y rogando que no se me saliera alguna carcajada reveladora.

Las pruebas siguientes fueron irrefutables. Las chicas comprobaron que, por motivos misteriosos, el pequinés en cuestión solo hacía caso cuando nos referíamos a él como si fuese el elemento número 19 de la Tabla Periódica. Ante tales evidencias, se decidió de manera unilateral que nuestra mascota debía llamarse 'Potasio', el gran micro perro atómico de la Comunidad Cardón, en Paraguaná.

Parte III.

El pequinés llegó a ser tan conocido, que la gente usaba su apodo como referencia topográfica. "La fiesta de fulanito va a realizarse a cuadra y media de la casa en donde vive Potasio"; "para llegar al

Club Miramar tienes que tomar a la derecha, luego de cruzar la calle donde habita Potasio"; "¿cómo es posible que no sepas dónde se encuentra la Avenida Bolívar de Punto Fijo y en cambio sí conozcas la ruta para llegar a la residencia de Potasio?

También debo resaltar los alaridos vespertinos de "Adiós Potasio" que vociferaban los muchachos cada vez que pasaba el autobús escolar frente a la casa de mis primas. La más insólita de todas las atribuciones referenciales fue esta: "Me comentaron que Pancho se compró una camioneta nueva color negro Potasio".

Si bien es cierto que su nombre era lo que más se escuchaba en casa, ninguno de nosotros llegó a escribir esa palabra. Para aludirlo a él en alguna nota del tope de la nevera o sobre un papel de cuaderno, era suficiente con poner la letra 'K'. Algo bueno le habíamos sacado a la química y a la Tabla Periódica.

CARAS FAMILIARES

Dedicado a mi hijo Juan Diego, quinto sorprendido en esta historia.

En pleno apogeo de la apertura petrolera de los años 90, recibí una oferta laboral para trabajar en una corporación energética de los Estados Unidos. Dicha compañía había iniciado un plan de expansión internacional, siendo Venezuela el primer país escogido para tener una sucursal en el exterior. Acepté el reto de trabajar con un reducido equipo de excelentes pioneros venezolanos y norteamericanos, quienes fueron los responsables de abrir esa oficina internacional en Caracas.

El grupo de precursores no superaba la decena de personas. Esta magra cantidad de empleados hacía que nuestras tareas fuesen muy variadas. Según el gerente de Recursos Humanos, desde el presidente, hasta el mensajero, cada uno de nosotros debíamos ser "toderos".

Dentro de esa "todería", a mí me habían asignado la misión de representar a la sucursal de Venezuela en aquellos eventos corporativos relacionados con temas de desarrollo tecnológico. Gracias a esa oportunidad es que tuve la ocasión de visitar y conocer al 'pueblo' de Houston, Texas, sitio en el cual quedaba la sede de la empresa y a donde iría por primera vez apenas seis meses después de entrar a esa compañía.

¿Hermoso?, quizás.

¿Moderno?, tal vez.

¿Fastuoso?, pudiera ser.

Pues no es ninguna de esas palabras. En realidad, la perfecta definición es… INTIMIDANTE. Eso es lo que uno siente cuando se llega al Aeropuerto Internacional de Houston. Creo que es el único aeropuerto en el mundo en donde las terminales son interminables. Algo así como gigantescos racimos de uvas, pero con aviones pegados a sus pecíolos. En ninguna película de Hollywood había visto tantos aparatos voladores juntos.

Monorrieles, autobuses, carros de carga, camiones cisterna, contenedores y sobre todo gente, mucha gente trabajando en la pista, se unían al espectáculo de cientos de aeronaves haciendo fila para despegar. Ellos eran los protagonistas de un enjambre de cosas que se movían al frente de mi ventanilla. Toda una danza mecánica inventada modestamente por los hermanos Wright tan solo nueve décadas atrás.

Bastó como una hora para que esa sorpresa inicial fuese sedimentada por otra de mayor escala. Al llegar al centro de la ciudad de Houston, los majestuosos rascacielos hicieron que el coseno del ángulo de inclinación de mi mandíbula abierta superara el récord de lo experimentado en el aeropuerto. Los edificios al frente del hotel en donde estaba alojado eran tan altos que, si los miraba hasta el último nivel, podían generarme una tortícolis.

El evento para el cual fui invitado se llevó a cabo en el mismo hotel en donde me había alojado. En un lapso de tres días, los colegas de los Estados Unidos compartieron sus experiencias en diferentes mesas redondas. Yo también hacía lo mismo con ellos. Siendo el solitario representante de la única oficina del exterior de esa empresa, pues su interés por Venezuela se hacía más que evidente.

Transcurrieron como dos años para que se celebrara otro evento corporativo similar. En esa segunda ocasión, mi jefe volvió a designarme como representante único de la oficina de Caracas.

Si bien es cierto que Houston ya no era extraño para mí, eso no sirvió de nada para notar el crecimiento ocurrido en el centro de la metrópoli durante ese período. Los nuevos rascacielos de la ciudad eran tan altos como los anteriormente conocidos. Cualquier cosa por encima de sesenta pisos era la misma vaina para este provinciano venido de Puerto Cabello[37], en cuyo lugar, el edificio más elevado erigido durante los años de mi juventud no superaba los siete niveles. Es que, viéndolo en retrospectiva, yo me había criado en un pueblo en donde las construcciones más imponentes eran unos verdaderos 'rascasuelos'.

Este segundo certamen corporativo se desarrolló en un lugar muy distinguido adjunto a mi hotel. En la cena de gala, alrededor de una treintena de empleados tuvieron la cortesía de saludarme, mencionando mi nombre completo y preguntando por los proyectos manejados

---

37. Puerto Cabello. Población costera situada en el estado Carabobo, Venezuela.

en Caracas. Contrariamente, yo no recordaba quiénes me estaban saludando y mucho menos tenía idea de lo que hacían dentro de la empresa. Quizás para ellos era más fácil rememorar a una sola persona, con diferente color, cultura y sobre todo con un acento idiomático disímil. En contraste, cada uno de ellos me parecían clones.

Confieso que sentía un poco de pena con mis colegas gringos al no retribuir con la misma deferencia la noción de sus respectivos nombres o de sus trabajos particulares.

—Esta vergüenza no me vuelve a pasar —añadí con voz punitiva—.

«La próxima vez que venga a un evento corporativo aquí en Houston, voy a saludar de primero a aquellas personas con caras familiares. Total, yo no conozco a nadie por estos lados. Si observo a alguien que luzca allegado, seguro de que se trata de un asistente que labora en la empresa y lo más lógico es que ya he tenido alguna ocasión previa de haberlo visto», agregué mentalmente como argumento estratégico.

Luego murmuré: —Tal vez no podré identificarlos por sus nombres, pero los abordaré con preguntas neutras y cordiales que no levanten sospecha acerca de mi escasa noción sobre ellos. Eso es lo que haré la próxima reunión.

Transcurrió un año para que se celebrara el tercer evento tecnológico de esa empresa. La única diferencia en esta ocasión era que mi jefe había decidido que yo debía viajar con tres nuevos empleados de la oficina de Venezuela.

Los chicos en cuestión no conocían a Houston. En realidad, era la primera vez que viajaban a los Estados Unidos. Y para mayor añadidura, no dominaban el inglés. En otras palabras, me había convertido, de la noche a la mañana, en un chaperón corporativo.

Ahorraré mencionar la sorpresa que ellos se llevaron al arribar a Houston porque fue exactamente igual a la mía tres años antes. No obstante, sí debo destacar que apenas llegamos, esos muchachos no se despegaron de mí. Para donde yo iba, mis compañeros me seguían. Daba la sensación de que éramos un tren de tres vagones y yo era la locomotora.

La inauguración del evento estaba planificada para hacerse el mismo día de nuestro arribo. La apertura se haría con una cena de bienvenida en un suntuoso hotel, el cual era el sitio en donde habíamos fijado estratégicamente nuestro alojamiento.

El guion de mi proactiva salutación a las 'caras familiares' ya lo tenía ensamblado en mi mente. Sin embargo, no me pareció prudente comentarlo a mis guardaespa... a mis colegas nacionales.

Llegamos al salón de fiesta asignado por la empresa. Unas doscientas personas y alrededor de veinticinco mesas saturaban el lugar. Nos sentamos en una esquina apartada y, acto seguido, uno de los vicepresidentes de la corporación dio el discurso de bienvenida.

Luego de la cena, todos los asistentes comenzamos a realizar lo que se conoce socialmente como '*networking*'.

Los paisanos se comportaron igual a unos verdaderos edecanes. Sin emitir palabra alguna, me flanquearon y acompañaron en cada uno de los momentos en que yo me acercaba a dialogar con aquellos compañeros norteamericanos quienes me parecían conocidos. Saludé como a veinte gringos y creo que los acerté a todos porque ellos 'recíprocamente' se acordaron de mí y preguntaron por las operaciones en Venezuela.

Veinte minutos antes de que concluyera el evento, indiqué a mis compatriotas que me iba a retirar a descansar. Un largo viaje a cuesta y una tensa concentración mental para escanear rostros conocidos había sido un binomio agotador. Sin dudarlo, los tres muchachos se levantaron al instante y me siguieron perrunamente con destino al piso 177250, nivel tibetano donde se ubicaban nuestras habitaciones.

Nos detuvimos frente al ascensor, a la espera del mismo. La campanita del arribo sonó y se abrió la cabina para dejar salir de su interior a un elegante caballero con una apariencia bastante familiar.

«Bueno, este es el último gringo de la noche. Voy a extenderme un poquito más con este colega. Además, seguro que llegó tarde porque no lo vi durante la cena», dije muy adentro de mí.

Repetí el rosario de mis preguntas cordiales y neutras: ¿Cómo va tu trabajo? ¡Qué bueno verte otra vez! ¿Qué tal la familia? ¿Estás alojado en este hotel? ¿Será posible que podamos encontrarnos en los próximos días? Nos mantenemos en contacto…etc, etc, etc.

Mis indagaciones fueron respondidas cortés y risueñamente por el caballero. Cerramos nuestro diálogo con un apretón de manos y unas palmadas amistosas en la espalda. Luego de la despedida con el norteamericano, los venezolanos entramos al ascensor. Estando adentro los cuatro solos, noto que los jóvenes paisanos mostraron un semblante de asombro.

—¿Qué pasa? ¿Por qué tienen esa expresión de estupor? —les pregunté.

El mayor de ellos se atrevió a romper el silencio y dijo:

—Guao, no sabía que eras amigo de Chuck Norris.

—¡Coño! Con razón la cara del tipo me parecía familiar —respondí, tratando de mantener la compostura de un verdadero chaperón.

LUISIANA EN UN VIAJE

Es muy importante certificar que Luisiana no es la entidad más austral de los Estados Unidos, pero les aseguro que ir a cualquier sitio en el extremo sur de esa región es algo así como viajar desde Alaska hasta la Argentina, pero por carretera. Todo lugar que uno visita en la desembocadura del Río Misisipi da la impresión de que queda al final del planeta.

Otro punto por destacar es que las personas que no conocen a los Estados Unidos piensan que este es un país de costumbres homogéneas. Nada más alejado de la realidad. La gente de cada territorio en esta nación es tan diversa como su geografía. Ni siquiera el inglés es igual.

Pues bien, los pobladores de Luisiana no son la excepción. Sus habitantes se distinguen por ser los más faramalleros, expresivos, sociables y echadores de chistes de los Estados Unidos. Si Nelson

Rockefeller hubiese nacido en Luisiana, de seguro que terminaría siendo trombonista o narrador hípico.

Otra particularidad de esta región es la facilidad con la cual hasta los más aventajados expertos en sobrevivencia pudieran extraviarse entre tantos bosques, ríos, fangos y pantanos. A tal efecto, es absolutamente imprescindible tener un conductor lugareño (de cierta edad) que te pueda trasladar hasta el sitio donde se desea ir. De lo contrario, cualquier persona viajando por su propia cuenta pudiera terminar como la partida de nacimiento de Clark Kent: ... Perdida de bola.

No era la primera vez que viajaba a esta región. La mayoría de mis visitas al sur de Luisiana había sido por asuntos laborales. La única diferencia con respecto a las demás ocasiones era que en esta oportunidad viajaba con gripe y quebranto febril. Una noche plagada de tos y fiebre fue la antesala a mi vuelo desde Houston hasta New Orleans. Apenas cuatro horas de sueño era mi cuota acumulada de descanso antes de iniciar mi viaje.

El arribo al aeropuerto de New Orleans se hizo a la hora prevista. A la salida de la terminal debía estar esperando mi conductor (y guía salvador) para así continuar con el viaje por carretera a la Galaxia de Andrómeda... ¡Perdón!, quise decir hasta el Delta del Río Misisipi.

En todas las visitas previas, mis conductores (tanto hombres, como mujeres) me entretuvieron contando sus respectivas vidas, aderezándolas con fábulas del inexplorado realismo mágico de los pantanos del Río Misisipi. Las largas charlas durante los traslados se hicieron aún más interesantes, ya que narraron sus historias mezclando expresiones en cajún[38,] el cual es algo así como hablar francés, pero al estilo del siglo XVI.

---

38. Cajún: Es un dialecto de origen francés. Actualmente, los descendientes cajunes forman una comunidad importante al sur del estado de Luisiana.

En esta oportunidad me tocó viajar con Randall, quien sería mi conductor. Un gigante de aproximadamente 120 kilos de peso y con más de seis décadas en su haber. Al principio, su manera de hablar fue indescifrable y nasal, pero Randall tuvo la cortesía de dejar su masticadura de chimó en un envase de plástico y así poder conversar en un inglés articulado y mucho más entendible.

Nos montamos en su camioneta rústica que aparentaba ser una chalana de combate para la invasión a Normandía. Tenía güinche, nevera, radio, parrillera, equipos de soldadura, un bote de goma y tres jaulas de cocodrilos. Me monté con la ayuda de una cuerda puesta en el asiento del copiloto e iniciamos nuestro viaje para Alfa Centaurus... ¡Disculpen!, quise decir hasta el Delta del Río Misisipi.

Los cuentos no se hicieron esperar. Randall comenzó hablando de los recientes huracanes que habían azotado a la región. Luego dio paso a anécdotas sobre la fauna silvestre de la zona y continuó con un apasionado relato acerca de las bellezas de la vegetación local. De verdad que todas sus historias tenían mucha picardía y yo trataba de poner la máxima atención posible, pero el cansancio me estaba doblegando. No pude aguantar más y le dije que necesitaba dormir un rato porque me encontraba extenuado y con algo de fiebre.

Randall sugirió que podía bajar el respaldo del asiento para así dormir un buen rato y eso fue lo que hice. En solo pocos minutos concilié un sueño profundo.

La fiebre y la fatiga se entremezclaron para formar un *cocktail* sedante que me hizo viajar en una espiral atemporal y embriagante a todos los sitios de Venezuela en donde había vivido. Los escenarios naturales de mi país y las imágenes de familiares y amigos se amontonaron sin ningún orden cronológico durante ese estado hipnótico en el cual me encontraba. Estaba viviendo una especie de nirvana excepcional, cuando repentinamente desperté.

Todavía atolondrado y sin tener una idea de cuánto tiempo había pasado, de inmediato comencé a hablar con Randall lo que estuve soñando. De esa manera podía fijar y recordar todas las imágenes y sensaciones placenteras de ese trance.

Le relaté sobre la costa de Puerto Cabello, describí en detalle las bellezas de Paraguaná y los Médanos de Coro. Con pasión delirante hablé sobre mi experiencia juvenil en los llanos de Apure, Barinas y Portuguesa. El Ávila y las montañas de la zona metropolitana fueron también parte del cuento. Mochima, Lechería y la Península de Araya le pusieron sal y condimento a la narración. Por último, resumí mis visiones sobre los espectaculares paisajes de la región Centro Occidental, Guayana, el Río Orinoco y la Isla de Margarita. Terminé el relato con la cúspide emocional que me había causado el hecho de recordar vívidamente la Sierra Nevada de Mérida.

En la medida que iba confeccionando toda la perorata, Randall se aferraba al volante y ponía la mirada sobre la carretera, pero volteaba con rápida frecuencia hacia mí para corresponderme con la mayor atención posible. Por cada acentuación que yo hacía durante la narración de los diferentes paisajes, Randall, en silencio, abría sus ojos como si fueran un par de globos aerostáticos.

Concluí mi improvisado monólogo con una sola interrogante. Haciendo pausa, le pregunté:

—¿Qué tal te ha parecido mi descripción?

Randall disminuyó la velocidad para responder. En total perplejidad, confesó:

—*I am sorry Mr. Prado, but I don't speak Spanish...*

LA PREGUNTA CONFIDENTE

Parte I. PRELUDIO SIN TELEVISIÓN.

Aun cuando habité en varias poblaciones que no contaban ni siquiera con una modesta planta o canal televisivo, tuve la buena fortuna de conocer a dos de mis protagonistas favoritos de las pantallas. Me refiero a dos célebres seres humanos, reales y sin ningún rasgo de ficción, así que no vayan a preguntarme por El Zorro.

Ambos personajes, una mujer y un caballero, los conocí después de que los programas que los habían llevado a la fama ya no estaban al aire.

La dama en cuestión es Lucelia Santos, la bella actriz brasilera y protagonista de la mundial y famosísima serie 'La esclava Isaura'.

A esta diva la conocí en Caracas, en un fugaz encuentro dentro del ateneo de esa misma ciudad, en donde se encontraba participando en un foro público.

De manera casual, me enteré de que la guapa figura artística estaba en ese sitio. Sin perder tiempo fui al ateneo, para al menos verla en persona. Cuando llegué a la entrada del edificio, el vigilante informó que el foro estaba por concluir. No quise esperar por el ascensor y me fui corriendo por las escaleras, hasta el nivel en donde se celebraba el evento.

La sorpresa fue mayúscula cuando ella surgió de improvisto entre el segundo y tercer piso del edificio. Lucelia estaba sola, esperando a Orlando Urdaneta, destacado locutor y actor venezolano, quien se había quedado hablando con alguien en el dintel de la puerta del tercer nivel.

Sin saludo y sin auto presentación le dije en mi portuñol oxidado:

—Tú no puedes irte ahora! Vine desde muy lejos solo para verte y escucharte. Por favor, no me digas que el foro se acabó.

Con su sonrisa arrebatadoramente hermosa, respondió en castellano carioca:

—Sí, terminó y tengo que irme pronto.

Mi exhalación de frustración y tristeza fue de tal elocuencia, que Lucelia quedó observándome por unos segundos. Luego, despojándose de su fama, me abrazó y me besó dos veces en ambas mejillas, diciendo con mucha cortesía:

—Es un gusto conocerte.

En ese instante apareció Orlando Urdaneta, la tomó del brazo y se la llevó escaleras abajo, no sin antes agregar:

—Chamo, saliste en góndola —que en idioma coloquial venezolano significa: 'tienes una suerte del carajo'.

Con todo lo que me gusta ducharme, ese día no me bañé. No quería perder la fragancia que su abrazo había dejado en mí. Un aroma y una visión de mujer especial que todavía llevo y que sigue cautivando mi memoria.

Pero lo relevante de este cuento no es Lucelia Santos. En realidad, el protagonista de mi anécdota es el caballero de quien hice un asomo al principio y que todavía no he revelado ni siquiera su nombre.

Lo que quiero compartir con ustedes es mi encuentro y conversación con uno de los hombres más eruditos que ha tenido Venezuela, me refiero a Arturo Uslar Pietri.

Al Dr. Uslar lo admiré y lo seguí a través de sus libros, así como también leyendo su columna semanal llamada 'Pizarrón' (editada por el diario *El Nacional*) y, además, viendo su excelente programa de televisión, *'Valores Humanos'*.

Este ilustre personaje, de tanta formación académica y política, era para la simplicidad de mi época juvenil, el gran héroe moderno del país. El orador insigne que comenzaba sus charlas televisivas diciendo con su voz de barítono: "Amigos invisibles". El hombre futurista que había acuñado la famosa frase "Hay que sembrar el petróleo". En definitiva, el maestro a quien todos debíamos escuchar y de quien aprender muchísimo.

Parte II. UNA TESIS BIEN SEMBRADA.

Cuando estaba estudiando Ingeniería de Recursos Naturales Renovables, en la Universidad de Los Llanos Ezequiel Zamora (UNELLEZ), tuve la ocasión de ir varias veces a las sabanas del estado

Apure. Durante esos viajes fui testigo de la transformación del sistema vial rural de esa región de los llanos. Para los años iniciales de la década de los 80, los caminos de tierra estaban siendo sustituidos paulatinamente por carreteras asfaltadas.

En aquellos tramos nuevos de vías pavimentadas empecé a observar que, en los bordes de las travesías, en donde habían hecho las mezclas asfálticas sin ningún tipo de compactación, la vegetación silvestre prosperaba con mayor vigor que en las praderas abiertas. Esas imágenes de hermosas frondas con hierbas creciendo sobre remiendos de petróleo bituminoso quedaron bien aferradas en mi memoria, tal y como la visión y fragancia de Lucelia.

Al terminar mi grado en la UNELLEZ, pasé directamente a la Universidad Central de Venezuela (UCV) a continuar con mis estudios de postgrado en Ingeniería Sanitaria. En un lapso de dos años cumplí con todos los créditos y las materias, faltando solo la realización de la tesis para obtener el título de maestría.

Debo señalar que, entre los años 80 y 90, uno de los principales problemas ambientales de las zonas petroleras de Venezuela era la existencia de miles de lagunas con hidrocarburos pesados y lodos de petróleo que se localizaban en las inmediaciones de los campos de producción de crudo. Ese material casi asfáltico constituía un gran reto de saneamiento ambiental, en particular para la región de los llanos orientales de los estados Anzoátegui y Monagas.

¡Eureka! Seguro que ya ustedes adivinaron por dónde vino la inspiración para el tema de mi tesis.

Pues bien, la base experimental de ese trabajo de investigación se fundamentó en determinar cuáles eran los factores biológicos y físicos ideales para ayudar a que las bacterias del suelo hicieran un trabajo de biorremediación estimulada. Esto iba a permitir que la vegetación pudiera crecer saludable sobre esos suelos contaminados con petróleo, o sea, algo parecido a lo observado en los bordes de las carreteras de Apure.

Fue una labor ardua y enriquecedora para mí. Gracias también a la colaboración y participación de un grupo de talentosos investigadores y excelentes tutores, esa tesis fue aprobada y premiada, con lo cual también conseguí mi título de maestría.

Lo último que escribí para dar por terminado con ese trabajo de grado fue la página correspondiente a la dedicatoria. Con gran placer, respeto y admiración puse en esa solitaria hoja: 'Al Dr. Arturo Uslar Pietri, en agradecimiento por su novedosa y especial sugerencia de sembrar el petróleo'.

Parte III. UN SOSPECHOSO AL OTRO LADO DE LA LÍNEA.

Conmigo se quedaron tres ejemplares originales firmados por los tutores y por quien escribe este relato. Uno de ellos permaneció en mi oficina de trabajo. El otro se lo regalé a mis padres, en tanto que el último ejemplar de tesis se quedó arrumado en el desordenado escritorio de mi casa, con el fin de enviárselo más tarde al Dr. Uslar.

Ese 'más tarde' se alargó por mucho tiempo, hasta que en un día inusual de limpieza profiláctica del cuarto de estudio apareció dicho ejemplar, reclamando por la remoción del polvo acumulado y por la consignación a su respectivo dueño.

Preparé un sobre grande en el cual introduje ese ejemplar original, una carta explicativa diciendo quién era yo, así como una breve descripción técnica del trabajo de grado y también una copia de la proclamación del premio. Finalmente, envié ese paquete por correo expreso y certificado a la dirección de su residencia.

—Listo, he cumplido. —Fue mi comentario en forma de susurro luego de entregar el compendio al agente de correos.

Seguro que esa tesis sería una más entre miles de documentos y libros que el Dr. Uslar Pietri ha recibido y habrá de recibir como parte de las contribuciones o regalos de centenares de admiradores, amigos, editores y autores.

Pasaron los años y con ello vino el olvido. Borrado estaba el recuerdo de ese envío, hasta que el viernes 22 de agosto de 1997, a las seis de la tarde, recibí una llamada telefónica en mi casa.

Hago un paréntesis aquí para advertir a los lectores que, en nuestro país había tres personajes públicos cuyas voces eran imitadas por muchos locutores y actores. Es más, en todas las familias venezolanas siempre había un payaso que remedaba a una de esas tres figuras. A saber: Alí Khan, un conocido narrador hípico; Carlos Andrés Pérez, un expresidente de la república y; por supuesto, el Dr. Arturo Uslar Pietri, el orador por excelencia de Venezuela.

Levanto el auricular e inicio mi saludo con el acostumbrado:

—Aló ¿Quién habla?

En el otro lado de la línea, una voz oscura dice:

—Buenas tardes. ¿Se encuentra el ingeniero Prado?

—Sí, soy yo. ¿Con quién tengo el gusto? —esa fue mi lacónica respuesta.

La voz oscura:

—¿Cómo está usted? Le habla Arturo Uslar Pietri.

Me tardé unos segundos antes de contestar, porque sospeché que era uno de mis tantos amigos jodedores y excelentes imitadores. Ya estaba a punto de reclamar algo así como: ... '¡Tú sí serás pendejo!, remedando al viejo Uslar un viernes en la tarde. Qué bolas tienes tú al estar perdiendo el tiempo con esa bolsería'.

En ese instante, uno de mis ángeles de la guarda bajó del cielo y me advirtió: '¡Mosca con lo que dices! Mira que el tipo del otro lado de la línea es el verdadero Uslar Pietri'.

Gracias a Dios y a ese oportuno ángel, yo respondí:

—Mucho gusto Dr. Uslar, es un gran honor conversar con usted.

El diálogo entre ambos fue fluido y breve. Mi interlocutor había llamado para agradecer el gesto de la dedicatoria y pedirme que fuese a su casa, con el fin de explicarle, en detalle, el contenido y la importancia del trabajo de grado. La respuesta a tal invitación fue categóricamente afirmativa. Un 'sí' que me salió del alma.

Al terminar la llamada, todavía no daba crédito a la posibilidad de conversar en persona con la figura más prestigiosa de mi país. En ese instante se acercó Mariana, mi esposa. Viendo ella la cara de pasmo que tenía, preguntó:

—¿Quién llamó que te ha dejado tan mudo?

—Era Arturo Uslar Pietri. Quiere que vaya a su domicilio para que le haga una presentación de la tesis de maestría y, obviamente, le he dicho que sí. El próximo viernes voy a su casa…

Mariana no me dejó terminar y, con vehemencia, agregó:

—¿Cómo que vas? Es mejor decir, ¡vamos!

Parte IV. EL ENCUENTRO.

Arribamos a la hora estipulada. La residencia era grande y sobria. Muy al estilo de las viviendas de los años 50. Nos atendió una señora que hacía las veces de eso que en el siglo antepasado se conocía con el nombre de ama de llaves. Nos condujo al patio interior de la casa y dijo:

—Esperen aquí un momento al Dr. Uslar. Él estaba muy pendiente de la llegada de ustedes. En unos minutos viene.

Nos quedamos solos y sin decir media palabra. Ambos a la merced de la bulla que tenían los pájaros inquilinos de los frondosos árboles del jardín central.

—Buenas tardes. Gracias por venir —esa fue su introducción y le extendió primero la mano a Mariana y después a mí. Simultáneamente, nos presentamos en la secuencia que correspondía. Luego de agradecernos la visita en su casa, nos invitó a pasar a la biblioteca.

En mi vida había visto tantos libros juntos. Una inmensa sala llena de tomos, desde el piso hasta el techo, todos metidos de forma ajustada en decenas de estantes que se anteponían a las cuatro paredes. Compendios escritos en inglés, italiano, francés y castellano se entremezclaban de manera casi proporcional. Miles de libros con las carátulas gastadas como resultado de las tantas veces de haber sido abiertos y consultados.

Me acordé repentinamente de las dos primeras novelas que leí en mi juventud, 'La Isla Misteriosa' y 'Veinte mil leguas de viaje submarino', escritas por Julio Verne. Por un instante pensé que estaba al frente del Capitán Nemo y que esa biblioteca era nada menos que el sumergible Nautilus.

Faltó poco para que yo iniciara la conversación diciendo: 'Capitán Nemo, qué gran cantidad de libros tiene usted en este submarino', pero el ángel de la guarda vino nuevamente al rescate y me trajo de vuelta a la época de adulto.

El anfitrión buscó una libreta para hacer las anotaciones de las cosas que me disponía a explicar. Entre sus dedos amorfos por tanto escribir hizo colar un lápiz, presto a descargar las frases de lo que pudiera considerar valioso en esa historia sobre suelos petrolizados y vegetación invasiva.

La presentación duró cuarenta minutos. Uslar Pietri escribió al ritmo de una ametralladora. Hacía preguntas casi como si fuese un profesor de botánica, averiguando sobre el tipo de pasto y la clasificación taxonómica de la vegetación llanera.

Obviamente, me encontraba feliz de tener esta oportunidad de oro. Sin embargo, había en ese momento una situación bastante extraña y de total bizarría.

¿Cómo es posible que yo, un ser más del montón fuese quien estuviera dando una exposición académica, mientras que el sabio estuviera recibiendo clases? Daba la impresión de que yo le corregía errores de fildeo a Omar Vizquel o le enseñaba dirección orquestal a Gustavo Dudamel.

«Hay que hacer algo para enmendar esta osadía», pensé, mientras concluía mi presentación.

Como acto de cierre, le entregué unas fotos de la secuencia experimental de las plantas creciendo sobre los suelos contaminados y, a petición suya, también le autografié las mismas. Antes de despedirnos e indicarle nuestro placer y honor de haberlo conocido personalmente, le dije que no podía irme de su casa sin hacer una pregunta sobre su gran trayectoria como escritor y de su aporte intelectual.

—Siéntase libre. Espero que pueda responder a su pregunta —contestó Uslar.

Inicié mi indagatoria apuntando que él ocupó dos ministerios durante la presidencia del general Isaías Medina Angarita, lo que Uslar corroboró afirmativamente moviendo su cabeza.

También le dije que, en el transcurso de ese gobierno, se instauró el programa de cedulación nacional que todavía sigue vigente en Venezuela, y Uslar volvió a asentir con la cabeza.

Continué señalando que Medina Angarita, su familia y sus ministros fueron los primeros venezolanos en obtener tales números de cédula de identidad. De hecho, Medina Angarita tenía el 1 y la esposa el 2, y Uslar, por tercera vez, hizo otra anuencia con la inclinación de su cabeza.

Agregué otra referencia indicando que los ministros de ese gabinete... y Uslar me interrumpió cortésmente:

—¿A dónde quiere usted llegar, ingeniero Prado?

En ese instante, le pedí que me llamara por mi nombre. El anfitrión aceptó la propuesta y luego exhortó:

—A ver, Alejandro, vaya usted al grano y dígame qué quiere saber.

Tomé fuerza e impulso y le pregunté:

—Dr. Uslar ¿Cuál es su número de cédula de identidad?

Los arrugados párpados del dueño de la casa se abrieron como las cortinas de un viejo teatro, permitiendo la exhibición de un par de inmensos ojos azules que de manera fija pusieron su mirada en mí. Buscó el subterfugio de toser para aclarar su voz oscura y, con la antesala de varios segundos en tenso silencio, el académico por fin confesó:

—Yo tengo el número 16.

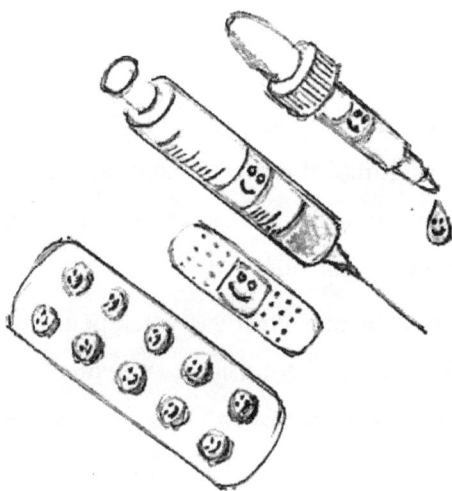

CATORCE DE ENERO

Entre las tantas obras maravillosas que escribió el periodista cara-
boberño Miguel Elías Dao, hay una que contempla y versa sobre las
personalidades que hicieron vida en la ciudad de Puerto Cabello. En
ese libro, Miguel tuvo la generosidad y cortesía de hacer una interesante referencia sobre el nacimiento de mi papá.

Palabras más palabras menos, el extracto que escribió comienza
así: "El Dr. Manuel Prado Mendoza nació en Guama, estado Yara-
cuy, el 14 de enero de 1927. Ese día, las guacharacas y guacamayas
cantaron de alegría".

Es una encantadora figura bucólica y poética. Más aún, estoy
convencido de que lo dicho por Miguel es literalmente cierto, porque este médico de pasión y profesión usó el remedio del buen hu-

mor como apostolado para la cura de las enfermedades y aflicciones emocionales de sus pacientes.

Muchas veces lo acompañé en las visitas a domicilio que él hacía cuando sus aquejados no podían movilizarse. En cada una de esas oportunidades, no hubo ni una sola vez que dejara de inyectar dosis de alegría a los enfermos. Incluso, sus tratamientos se extendían hasta los familiares de los convalecientes.

Sus palabras eran más efectivas y terapéuticas que las propias grageas, pastillas, jarabes, emulsiones y remedios. Algo así como prescripciones de fe y confianza en Dios. Además, usaba la risa como un prodigioso rezo tranquilizador y de buena vibración espiritual.

Y para prueba, remito este ejemplo.

Él acostumbraba a hacer trabajo voluntario en todas aquellas ocasiones en las cuales visitaba su pueblo natal. En una de esas oportunidades, le tocó atender a un curandero de Guama, quien lo había mandado a llamar por una urgencia de salud. Terminando la consulta, el chamán le dijo:

—Dr. Prado, yo sé que usted es incapaz de cobrar por su servicio a la gente de este pueblo. Todos en Guama sabemos que usted, el día de su graduación de médico, hizo un juramento de atender gratis a cualquiera de sus humildes paisanos. Quiero que sepa que yo soy una persona con solvencia financiera, así que le agradezco que me cobre.

Mi papá lo escuchó con respeto mientras guardaba el estetoscopio en su maletín. Sin contestar nada, escribió sobre el récipe todo lo relacionado a la afección de salud, así como los remedios y su posología. Al final, le extendió el papel de receta al curandero y respondió:

—No me parece correcto que deba hacerlo. Entre colegas no nos cobramos.

Confirmo una vez más lo expresado al comienzo de esta historia, con relación a lo que escribió Miguel Elías Dao en su libro. Hago dicha validación porque me parece insólito que, viviendo tan lejos de Venezuela, todos los 14 de enero se escucha un alboroto de entusiastas guacharacas y guacamayas cantando al frente de mi ventana.

MUCHACHO TODAVÍA NO ES GENTE

Durante el malgastador período de la Venezuela Saudita, las ventas de boletos aéreos entre el sur de la Florida y Caracas llegaron a representar las mayores ganancias de las agencias de viajes del país. Orlando, Fort Lauderdale y Miami fueron destinos predilectos para muchos de esos venezolanos, quienes todavía ni siquiera habían tenido la ocasión de conocer a su propia nación.

Era una época de nuevo-riquismo y falso deslumbramiento económico. El exceso era tal, que la gente iba a Miami hasta para comprar crema dental, servilletas y legumbres empacadas al vacío. De hecho, llegué a conocer a personas que viajaron al sur de la Florida los fines de semana tan solo para ver películas de cine.

Pero los venezolanos somos unos seres muy extraños. ¿Adivinen cuál era el otro destino frecuente en aquella época del dólar a 4,30 bolívares?: ... Cuba.

Sí, leyeron bien, escribí Cuba; la antípoda cultural, económica y política del sur de la Florida. Un destino turístico totalmente diferente, localizado apenas a 90 millas de distancia de las costas de los Estados Unidos. Una isla con maravillosas escenografías naturales, cuyo gobierno había provisto las facilidades y los accesos para que los turistas extranjeros disfrutasen de esos sitios, mientras que a sus propios pobladores no les era posible ir porque estaban sometidos a constantes insuficiencias de dinero, productos básicos, libertad y democracia.

En realidad, ambos destinos no los había contemplado dentro de mi lista de viajes, ya que ninguno de los dos estaba adaptado para esos turistas que se conocen como 'posaderos y mochileros'. Sin embargo, con veintiún años de edad y 68 kilos de peso, luego de haber recorrido toda Venezuela, incluyendo pueblos inexistentes en los mapas, paisajes remotos y parques naturales, pues lo más lógico es que me atreviera a viajar solo por primera vez al exterior.

Pero ya lo dije antes con el título, 'muchacho todavía no es gente'. Basado en ese axioma, hice todos mis arreglos para ir a La Habana y algunas de sus otras provincias vecinas.

Un par de días antes de mi viaje a Cuba, un buen amigo de mis padres y excelente músico de nuestro país, como lo era el gran Ítalo Pizzolante Balbi, me dio un par de casetes junto a una carta, y me pidió el favor de entregar el compendio a un cubano amigo de él, que vivía en La Habana y quién también era colega suyo en la maestría del canto.

Recibí todo el material dentro de un pequeño paquete, el cual mostraba la identificación y número telefónico del destinatario. Me sorprendió mucho el nombre del músico antillano y le pregunté a Ítalo:

—¿Este es el apodo del señor o es su seudónimo artístico?

Mis padres e Ítalo respondieron en coro:

—¿TÚ NO LO CONOCES?

—No tengo idea de quién es él —esa fue mi apenada y tímida réplica.

Pude leer en sus mentes lo mismo que escribí al comienzo de este relato, pero ellos fueron mucho más precisos y extendieron el texto del axioma, agregando lo siguiente: "Muchacho todavía no es gente, ni tampoco sabe nada".

Tomé mi morral y me fui a Cuba a recorrer parte de la isla, sin perder de vista la importante misión de entregar la encomienda musical que venía desde Puerto Cabello, ciudad cordial de Venezuela.

Luego de unos días en la capital de la isla, decidí telefonear al destinatario del paquete y lo llamé desde la habitación de mi hotel. Recuerdo que era viernes y el reloj marcaba 8:30 pm. Por suerte, fue él quien atendió. Tuvimos una estupenda conversación y se mostró feliz de saber que le traía un obsequio de parte de Ítalo Pizzolante. Incluso, me preguntó si era posible que nos encontráramos, esa misma noche, en algún lugar de La Habana para hacerle entrega del paquete. Le propuse que nos viéramos en el restaurante del Hotel Vedado, en donde me encontraba alojado y le pareció providencial porque no estaba lejos de su casa.

—Muy bien. Voy a estar en la barra del comedor del hotel. Para mayor exactitud, sentado frente al bar. Además, tendré puesta una gorra azul que dice 'Chicha El Chichero'. De esa forma, usted podrá reconocerme fácilmente —comenté a mi interlocutor.

—Perfecto, espéreme ahí que yo debería llegar como a las 9:30 pm —agregó el oyente antes de colgar el teléfono.

A la hora indicada entré al restaurante y me topé con un gentío dentro del salón principal. El lugar estaba repleto de comensales, mesoneros y guitarristas, quienes hablaban o cantaban, todos al mismo tiempo.

Fue una pifia de mi parte haber escogido ese sitio y no el *lobby* del hotel, ya que cualquier viernes a las 9:30 pm, hasta las tabernas de los caseríos más lejanos de Alaska o de la Patagonia están abarrotados de clientes.

Otra pendejada mayúscula que hice fue llevar una gorra. Es que yo no soy calvo, era de noche y 'chicha' tiene otro significado en Cuba, diferente al que se da en Venezuela. Obviamente, con esa facha, todos me observaron como 'gallina que mira sal'.

Pedí una limonada porque con la cara de chamo que tenía para esa época y, habiendo dejado el pasaporte en la habitación, no me permitieron ni tomar la cerveza socialista aguada que se fabrica en Cuba.

A partir de las 9:35 pm estuve pendiente de observar a alguien que, igualmente, se hallase buscando a otro que no conociera. Primero creí que era un tipo que pasó cerca de mí para pedir un ron añejo. Luego, le puse cuidado a una persona con flux, quien resultó ser el suplente del cajero del bar y, cuando me disponía a sospechar de un gordito con cara de amolador de cuchillos, todo el mundo en esa sala dejó de hablar. Volteé para ver el motivo por el cual se había creado ese mutismo colectivo.

Se debió a la presencia de un señor como de 65 años en la puerta del recinto. Era un moreno muy alto, delgado, elegantemente vestido y con sonrisa amigable. Daba la impresión de ser un embajador de un país tropical; algo así como Senegal, Jamaica o Sri Lanka, pero de inmediato descarté su hipotético cargo diplomático porque toda la muchedumbre, incluyendo a los músicos y empleados del hotel, transformaron al repentino silencio en un ovacionado aplauso. Los que estaban sentados se levantaron de sus puestos e interrumpieron sus cenas para aclamar al esbelto caballero recién llegado, al tiempo que él agradecía esos aplausos mientras cruzaba la sala del restaurante.

«Con la algarabía de este famoso, va a ser más difícil que yo encuentre a mi desconocido contacto o que, por el contrario, él pueda ver mi gorra de 'Chicha El Chichero' con tanta gente parada», pensé yo, dejando filtrar un suspiro de preocupación.

Entre palmadas y apretones de manos, el recién llegado arribó al bar y, por casualidad, también se puso a buscar a alguien. La sorpresa para mí fue enorme porque el señor apuntó su mirada sobre mi gorra.

—¡Carajo! ¿Será la persona a quien estoy esperando? —dije temeroso y en voz baja.

El susto fue aún mayor cuando veo que el personaje en cuestión dirige sus pasos hacia donde estoy sentado. Se acerca a mí a una distancia de medio metro y, sonriendo, extiende su mano y me señala:

—Supongo que tú eres Alejandro Prado… Un placer conocerte, yo soy Barbarito Diez.

Lo que acabo de contar sucedió hace varias décadas. Un honor que no olvidaré porque, a partir de ese encuentro, la riqueza bolerista y de danzones de América Latina se convirtió en mi predilecto tesoro musical.

Luego de ese especial encuentro, durante mi época de tempranísima juventud, pude confirmar que 'muchacho todavía no es gente'.

AÍDA, LA CORRESPONSAL DE EXCEPCIÓN

Aída es un nombre perfectamente elegante y bello. Según las fuentes consultadas, es de origen árabe y tiene varios significados: salud, alegría, regreso y felicidad. Por mi parte, yo acepto todas esas definiciones, ya que es el nombre de mi mamá y cada uno de esos conceptos caben, con armonía, en lo que ella ha sido y fue para todos nosotros. Es tan bonito, que los hijos, nietos y sobrinos la llamábamos simplemente así: ... Aída.

Pues esta coriana de nacimiento y de descendencia libanesa eligió desde muy joven ser educadora y escritora. Profesión que llevó con entusiasmo y finura. No obstante, si ella hubiese sido periodista, de seguro que ya tendría varios premios destacados. Es que Aída poseía un tino para estar presente, como espectadora de excepción en esos significativos momentos nacionales que ya quisieran tener los verdaderos corresponsales.

No voy a referirme a las oportunidades que tuvo en conocer de cerca un sinfín de ilustres y célebres personalidades del arte venezolano e internacional. Por el contrario, voy a contarles acerca del acierto involuntario que ella tuvo para estar presente en los instantes políticos de mayor trascendencia nacional y que hicieron tambalear o derrocar a varios gobiernos.

Aída fue una residente apenas ocasional de Caracas. Además, ella de militar no heredó ni un solo cromosoma. Sin embargo, esto no fue limitante para que estuviese como testigo presencial (a distancia de talanquera) del derrocamiento de Rómulo Gallegos, en 1948; el atentado contra Carlos Delgado Chalbaud, en 1950; la primera asonada contra Marcos Pérez Jiménez y su posterior derrocamiento, en enero de 1958. Eso, sin dejar por fuera que estaba paseando muy cerca por el Parque de Los Próceres cuando ocurrió el intento de homicidio contra Rómulo Betancourt, en junio de 1960.

Luego de casi una década presencial de pólvora política y tanques de guerra, Aída y toda la familia, nos mudamos a Puerto Cabello, un sitio tranquilo, apacible y alejado del epicentro nacional. …Tranquilo, hasta que vino el 2 de junio de 1962, fecha en la cual ocurrió la conocida sublevación naval de El Porteñazo.

Luego llegaron los años de la estabilidad democrática, en donde apenas realizaba traslados esporádicos a la capital, tan solo para saludar a los hijos y los amigos. Pero la mira telescópica de su corresponsalía involuntaria estaba todavía bien afinada. En dos de esas visitas se encontró de manera matemática con los intentos de golpe de Estado del 4 de febrero y del 27 de noviembre de 1992. Diez años más tarde, tampoco se perdió de ver de cerca el levantamiento del 11 de abril de 2002, ya que ese día vino a visitar a sus dos nuevas nietas caraqueñas.

Aída se mudó y vive en otro lugar con muchas dimensiones. Desde su permanente tribuna se ve todo. En ese sitio, ahora ella tiene lista y preparada su libreta mágica para solo dar noticias de luz, esperanza y libertad.

MARIANA EN TRES RELATOS

Los milagros existen. Uno de ellos se llama Mariana.

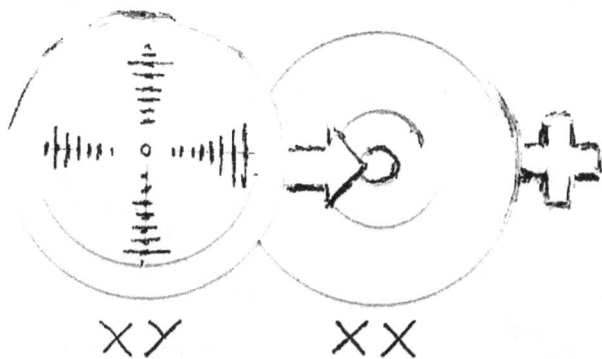

EL DÍA QUE LA CONOCÍ

A finales del año 1990, me encontraba trabajando en el Centro de Investigación y Desarrollo de Petróleos de Venezuela (Intevep), estando yo dedicado totalmente a la terminación de mi tesis de postgrado.

La concentración puesta en ese objetivo principal se interrumpió por un hecho bastante grato. En el último trimestre de dicho año ingresó a ese instituto de investigación una pléyade de jóvenes talentosas y solteras, quienes venían procedentes de varias acreditadas universidades nacionales y del exterior. La mayoría de las muchachas eran verdaderas joyas de la ciencia y también de la belleza criolla.

Entre ellas se destacaba una brillante gema caraqueña que culminaba sus estudios de química en Francia. Una prenda que dejaba 'prendado' a cualquier ser humano que se la encontrara por algún pasillo o laboratorio.

La noticia del arribo de esta chica se diseminó al ritmo de la Segunda Ley de la Termodinámica. A las pocas semanas, los potenciales candidatos a pretendientes se contaban por decenas, y todos ellos orbitaban como electrones desordenados alrededor de su oficina. Es así, con estos indicios, que llega a mis oídos el testimonio de la existencia de Mariana.

Para tener alguna posibilidad de éxito en alcanzar su corazón, la gente decía que era necesario que los candidatos cumpliesen con unas elevadas especificaciones personales, académicas y técnicas. No solo era suficiente con ser un galán de cine; también era imprescindible tener varios títulos de doctorado y postdoctorado de reconocidos sitios como el Instituto Max Planck, La Sorbona, el MIT, Cambridge, Harvard, Oxford u otros entes similares. Obviamente, que el dominio de varios idiomas era sobrentendido, así como también una descollante posición laboral.

Dejo claro que quien escribe esta historia no cumplía esas especificaciones. Ni siquiera las necesarias para optar al cargo de ayudante de portero en ese club de pretendientes. Pero hay una gran diferencia entre los convencionales que se ajustan a las reglas y aquellos desarreglados que no las siguen.

Llegó el día en que me encontré con esta joven. Los comentarios acerca de su belleza y atractivo se habían quedado cortos; las bondadosas descripciones sobre ella no dejaban ninguna duda. Era inequívoco que se trataba de la protagonista de esta historia. En ese momento se encontraba sola y al frente de un estante de la biblioteca, organizando una serie de libros y revistas técnicas para su trabajo.

Antes de seguir, permítanme hacer este paréntesis. En reiteradas ocasiones familiares he comentado, hasta el cansancio, que soy bastante tímido. Sobre todo, en ese asunto de galantear o tratar de capturar el amor de una chica. Mis amigos tampoco lo creen, pero vuelvo a decirlo para que quede bien entendido: … Yo soy tímido.

Aclarado este punto, no es de extrañar que, mientras me iba dirigiendo a ella, las piernas empezaron a flaquear. A duras penas pude abordar su proximidad con una solvente verticalidad y sin desmayarme.

Aunque ya estaba cerca, ella todavía no se había percatado de mi presencia. Esto me dio un par de segundos adicionales para pensar en algo coherente con qué iniciar una conversación interesante. Ciertas frases que me pudieran dar la oportunidad de volver a verla. Alguna invitación que me permitiera conseguir su anuencia para ir al cine, comer solos o pasear juntos por los jardines de Intevep.

En otras palabras, debía ser cauto y sutil, sobrio y original, amable y confiable, pero, sobre todo, rezar y pedir ayuda a Dios para encontrar esas palabras determinantes que los nervios no me dejaban hilvanar.

Y he aquí mi primer contacto con Mariana:

Yo: —¿Qué tal? ¿Cómo estás? Tú eres nueva en Intevep, ¿verdad?

Ella: —Hola, ciertamente soy nueva aquí. Comencé hace pocas semanas.

Yo: —¡Qué bien! Permite que me presente. Mi nombre es Alejandro, ... Alejandro Prado —en realidad quería decir Bond, James Bond, pero ni de vaina.

Ella: —Mucho gusto, Mariana Torrealba.

Yo: —¿En dónde trabajas?

Ella: —Trabajo con el grupo de Catálisis... ¿Y tú?

Yo: —Pertenezco al equipo de Ecología y Ambiente. Estoy en Intevep finalizando mi tesis de maestría.

Ella: —¡Excelente! Yo acabo de terminar mi doctorado.

Yo: —Eres muy joven para ser doctora.

Ella: —Muchas gracias.

Yo: —No vayas a pensar que estoy loco, pero debo decirte algo importante.

Ella: —A ver... ¿Qué es lo que tienes que decir?

Yo: —Tú te vas a casar conmigo, y te aseguro que es la primera vez en mi vida que digo algo así tan súbito.

Después de unos segundos de mudez, acompañados de una sonrisa, la bella chica respondió:

—Lamento decirte que eso no va a ser posible. Tengo novio y pronto me voy a casar con él.

Yo: —Permíteme esta corrección: ... te ibas a casar con él. Insisto, no vayas a pensar que estoy desvariando, pero debo ser claro, ya que este es nuestro primer encuentro.

Ella: —De verdad que estás un poco tostado.

Yo: —Por los momentos, no nos adelantemos. Tienes algún tiempo más para seguir compartiendo con tu novio. Espero que, por lo menos, podamos vernos la próxima semana para almorzar juntos.

Ella: —Quizás, pero no te hagas muchas ilusiones.

Yo: —Mantengo la ilusión de que sí sea posible. Lo digo porque los milagros existen.

Ella: —Definitivamente, en este centro de investigación hay varios tipos de locos.

La vi retirarse con sus libros y se fue a su oficina. Luego, me quedé solo observando las montañas y el jardín a través del ventanal de la biblioteca. Estuve concentrado en ese paisaje durante varios minutos. Al final, caí en cuenta y reflexioné: «¿Cómo es posible que haya dicho eso? De verdad que va a pensar que soy un lunático o que salí de un manicomio. Qué falta de seriedad la mía. No tengo la más mínima idea de cómo se me ocurrió decir algo tan destemplado. ¡Qué pena!»

Estuve otros minutos en blanco, cual asceta en el Tíbet. Al final, me dirigí a mi oficina y susurré:

—Bueno, uno nunca sabe. Tal y como le dije a ella, los milagros existen.

Cuatro años después, al concluir el brindis de la firma del acta de nuestro matrimonio, Mariana me comentó: —Yo creo que tú tienes mucho futuro como adivino. Deberías considerarlo… ¡Uno nunca sabe!

NUESTRA SALIDA INAUGURAL

Parte I. LA INVITACIÓN.

Unos meses después de nuestro casual y primer encuentro en la biblioteca del centro de investigación, Mariana tan solo me había aceptado y permitido compartir con ella apenas un par de almuerzos, ambos en el comedor de nuestro sitio de trabajo. En esas dos ocasiones, también nos acompañaron como media docena de colegas, quienes sencillamente estorbaban; estorbaban a mis intereses, claro está.

Ya cansado de hacerle varias invitaciones (todas infructuosas) para salir solos de paseo, a cenar, al teatro, a un concierto o al cine, tuve la suerte de encontrarla en una fiesta.

Busqué un momento para hablar con ella a solas y, luego de nuestros saludos correspondientes, le dije:

—Creo que deberías revisar muy bien tu Partida de Nacimiento. Estoy convencido de que tiene un error.

Ella: —¿Un error? ¿Cuál error? Que yo sepa, todo está muy bien —respondió sorprendida.

Yo: —Puedo apostarte que tu nombre está mal escrito.

Ella: —¿Cómo que mal escrito? En ese documento dice exactamente 'Mariana Torrealba Sosa'. Ese es mi nombre, junto con mis dos apellidos. O sea, que está correcto. ¿De dónde sacas tú ese invento?

Yo: —Los apellidos están bien. El error se encuentra en tu nombre. Lo que debería estar puesto y escrito ahí es: 'Noriana'.

Es mejor no entrar en los detalles de la conversación que se suscitó a partir de mi respuesta. Sin embargo, el insólito argumento para protestar por las displicencias y negativas con las cuales ella había tratado mis previas invitaciones alcanzó, finalmente, su cometido: Noriana… Perdón, Mariana, por fin decidió y aceptó salir conmigo.

Me escabullí entre la maleza de gente que abarrotaba la fiesta y escapé del sitio para hacer una llamada especial. Me comuniqué con mi subconsciente y también con mi Ángel de la Guarda. A ambos les pregunté en susurro:

—¿Y ahora cómo soluciono este arroz con mango[39]?

Parte II. EL SITIO.

Se descartaron las opciones de cine, concierto y teatro debido a las escasas oportunidades de conversar que ofrecen dichas salidas.

---

39. Arroz con mango: Modismo utilizado en los países de El Caribe para definir una confusión, enredo o, incluso, un desafío.

En el cine se habla muy poco porque estás viendo la película. En el concierto y el teatro es irrebatiblemente tácito guardar absoluto silencio. Eso implicaba más de dos horas perdidas sin ni siquiera intercambiar miradas.

La cena, aun cuando resultaba más efectiva, la dejé de lado porque, en esa época, lo más tarde que yo me acostaba era a las 9:30 de la noche.

Quedó el camino libre para el paseo de campo. Esta opción me brindaba más ventajas estratégicas. Ese es mi terreno natural y donde tengo la baquía para llevarla a mi área de acción, pasión y profesión.

«¡Hay que invitarla a una excursión ecológica!» Esa fue la elección a la que se llegó en consenso etéreo, escuchando también las opiniones doctas de mi subconsciente y Ángel de la Guarda.

En esos años Google no existía ni en las obras modernas de ciencia ficción; por lo tanto, tuve que hacer uso de mi libretica de amigos y contactos. En una de las páginas encontré el teléfono de la Sociedad Conservacionista Audubón de Venezuela.

—Ahí deberían estar las excursiones que estoy buscando —asentí en voz alta.

Llamé a la sede y me enviaron por fax (porque tampoco había *emails*) los datos de las salidas del mes. Miré el listado y vi una que me cautivó al instante: "Excursión de espeleología para visitar la Cueva Alfredo Jahn, en Higuerote-Curiepe, estado Miranda. Galerías y cavernas con abundantes insectos, arácnidos y densas poblaciones de murciélagos, representantes de varias especies distintivas de la Cordillera de la Costa".

—¡Esta es! Es exactamente la que estoy buscando —dije plácido y seguro.

Hice mis reservaciones para dos personas y luego le informé a Mariana que, el próximo sábado, íbamos de paseo a visitar una cueva muy bonita que quedaba cerca de las playas del estado Miranda. Tan solo eso y nada más.

Parte III. UN RETO IMPREVISTO.

A las ocho de la mañana de ese sábado, Mariana y yo llegamos en mi carro al sitio de congregación, ubicado en un área de Caracas cercana a la salida de Oriente. En dicho lugar íbamos a tomar el autobús, con el guía que nos llevaría a la cueva. Nuestro retorno a Caracas estaba planificado a las cinco de la tarde.

El grupo, de aproximadamente veinte personas, estaba vestido con ropa de faena para trabajo de campo. Todos llevábamos un morral provisto de un casco de seguridad, traje de baño, una segunda muda de ropa y vituallas. Mariana no cargaba ninguno, puesto que yo portaba una mochila grande con el apero de los dos.

El guía detalló las etapas a realizar dentro de la caverna. Además, indicó que para acceder a esa cueva era indispensable entrar con casco y así protegerse de los golpes contra las estalagmitas y estalactitas.

Ya dentro del autobús y rumbo al sitio me percato que, por alguna razón inexplicable, tan solo llevaba un casco y no había metido en el morral otro para ella. Hablé con el guía y me dijo que él no tenía ninguno extra y vuelve a señalar:

—La persona que no trajo casco no puede entrar y tendrá que esperar afuera, como hora y media, hasta que concluya la excursión dentro de la caverna.

Era más que evidente que, por educación, compromiso y caballerosidad, la persona "guayabera[40]" escogida para quedarse afuera debería ser quien escribe esta historia. Sin embargo, yo no me iba a rendir así de fácil. Para algo tendría que servir haberme graduado de ingeniero. Por lo tanto, necesitaba 'ingeniármelas' para obtener un casco protector y entrar a esa cueva con Mariana.

La inspiración no se hizo esperar. Pregunté al guía si íbamos a parar en la entrada de Caucagua (un pueblo ubicado en el trayecto antes de la cueva), con el fin de desayunar o hacer un toque técnico de sanitarios. Su respuesta fue afirmativa.

—Entonces ya tengo listo mi casco de protección —le dije muy convencido.

—¿Y dónde vas a comprar el casco?

—No lo voy a comprar, lo voy a hacer —respondí sin dar mayores referencias.

Parte IV. DESTINO… LA CUEVA ALFREDO JAHN.

Al llegar a Caucagua, Mariana se ofreció voluntariamente para buscar el desayuno, mientras que yo me dirigí al supermercado más cercano, con el objeto de comprar las tres cosas que necesitaba para 'construir' el casco de seguridad.

Encontré todo en un lapso de quince minutos. Abordé el autobús con mis adquisiciones metidas en una caja. En tanto, Mariana me esperaba en nuestros asientos con dos humeantes arepas rellenas de queso amarillo y un par de botellas de malta. Desayunamos con

---

40. Persona guayabera: Se refiere a la gente que dejan excluida de alguna reunión o evento: "Fulano se quedó como la guayabera, por fuera". Se dice así porque la guayabera es una camisa que se usa sobre el pantalón.

toda calma, al tiempo que el autobús inició la marcha con destino a la cueva.

Arribamos a la caverna como a las once de la mañana. Los excursionistas se concentraron en la entrada de la gruta y, en ese momento, me aparté un instante para confeccionar mi casco. De la caja saqué un rollo ancho de tirro (cinta adhesiva de embalaje), un paquete de servilletas y un tazón de plástico modelo 'Tupperware', con capacidad para batir una docena de huevos.

El tazón lo coloqué de forma invertida sobre mi cabeza y el mismo tendría la función de casco. Las servilletas, unas diez aproximadamente, las puse dentro del tazón como almohadillas aislantes. Finalmente, para atarme el casco, utilizaría la cinta adhesiva con el propósito de fijar ese pote de plástico sobre mi cabeza, uniendo mis mejillas y el Tupperware mediante dos gruesos tramos de esa cinta engomada.

Es difícil encontrar una definición en el idioma castellano que ilustre semejante adefesio, pero les puedo asegurar que mi invención cumplía con todas las exigencias de seguridad para protegerme de los golpes contra las aristas rocosas.

Miedo al ridículo por colocarme el esperpento tampoco tuve, puesto que lo más transcendental para mí era entrar a ese lugar con Mariana y ya nada podía impedirlo.

Parte V. LA CUEVA Y SUS HABITANTES.

Previo al ingreso a la caverna, el guía entregó las linternas y dejó saber algunas curiosidades de esa larga gruta. En particular, hizo la advertencia sobre la población de murciélagos, la cual era muy variada en cuanto a su número demográfico. A veces eran muchos y otras veces eran más que muchísimos.

Los primeros caminantes se encargaron de apartar las telas de arañas localizadas en la galería de la entrada. Daban la sensación de estar abriéndose paso entre finas cenefas y colgaduras pegajosas, en cuyas maniobras se veía la huida de los arácnidos que, con esfuerzo, habían construido esas mallas de seda para atrapar insectos.

De la primera bóveda hasta la tercera galería, todo transcurrió sosegadamente. Nos deleitamos viendo las imponentes estalactitas y estalagmitas en medio de un silencio interrumpido por el susurro de los excursionistas, quienes manifestaban sus espontáneos créditos a las bellezas petrificadas.

Todo el inicio anduvo, en exceso, normal. Normal hasta que llegamos a la cuarta galería. Apenas fueron iluminadas las paredes de ese tramo, súbitamente comenzaron a salir miles de murciélagos narizones (*Phyllostomus hastatus*) de todos los tamaños, los cuales se dispusieron a aletear y a volar en contraflujo sobre los visitantes atrapados en ese angosto pasadizo.

Los gritos no se hicieron esperar. Con la excepción del guía, todos daban alaridos ensordecedores. Que yo recuerde, fue la primera vez que Mariana me abrazó, o más bien se aferró apretujadísimamente a mis antebrazos, brazos, clavículas y cuello.

Le dije que por favor dejara una de sus manos libres para así evitar alguna caída en ese suelo baboso y repleto de guano acumulado.

Más vale que no. Apenas me soltó, esa misma mano libre atrapó, de manera involuntaria, un murciélago atolondrado por la luz. El despelote fue colectivo. En ese momento, Mariana dio un grito de cien decibeles, así como también una de las excursionistas que venía detrás de ella. Igual escándalo hizo el propio murciélago que había sido apresado, el cual daba chillidos similares a un chimpancé metido en una maleta.

Como pudo, el quiróptero se zafó de los nerviosos y férreos dedos de Mariana, pero fue a parar a los brazos de Raiza (la caminante vecina), de quien también escapó.

—¡CXÑX, NXJXDA, @&%#! Es parecido al terciopelo —exclamaron ellas al unísono y con desafinada grima.

Los murciélagos seguían saliendo como un enjambre de abejas gigantes y los aullidos de los visitantes no cesaban; más bien aumentaban. Los niveles de gritos llegaron a ser tan altos que las estalactitas corrían el riesgo de desprenderse por efecto de la vibración. Fue en ese momento que les advertí a mis acompañantes que los murciélagos son mamíferos asustadizos que pueden volar y defecar simultáneamente.

Los aterrorizados excursionistas cerraron sus bocas de modo *ipso facto*. Los alaridos de 'AAAAAAH' fueron sustituidos al instante por el sonido de 'MMMMMM'. Sin embargo, eso que los quirópteros pueden hacer pupú y volar al mismo tiempo es falso, pero fue la mentira que se me ocurrió para calmar el alboroto dentro de la cueva.

Aparte de los murciélagos que nos acompañaron por un largo trecho, también es bueno destacar el esfuerzo que hacíamos para avanzar hacia el interior. La cueva Alfredo Jahn es una gruta con agua circulante, razón por la cual el tropel de gente caminando adentro convirtió a ese riachuelo en un barrial viscoso y adherente.

Llegamos a la bóveda final de la caverna e iniciamos el retorno. Ya para ese momento, el fango se había transformado en un lodazal superlativo, en donde varios de los exploradores tuvieron que rescatar sus botas succionadas por la pastosa arcilla.

Agotados de tanto arrastrar nuestras piernas en medio de ese pantano, logramos salir de la cueva y alcanzar la luz del día. Un cielo azul con sol esplendoroso daba la bienvenida a los encandilados y jadeantes excursionistas.

Parte VI: EL REGRESO.

A esa cueva entraron médicos, ingenieros, arquitectos, quími-
cos, biólogos, psicólogos, matemáticos y otros profesionales univer-
sitarios. Y de esa caverna emergieron todos transformados en fonta-
neros de una mina de carbón, embadurnados de barro oscuro de pies
a cabeza. El fango que cubría a Raiza y a Mariana hacía que no las
pudiera distinguir entre ellas. Hasta en los orificios donde colgaban
los zarcillos llegaba el lodo.

—Vamos ahora a bañarnos en el río para quitarnos este barrial
—indicó nuestro guía.

A pocos metros de la entrada a la cueva se localizaba un tramo
del Río Cambural. Un torrentoso efluente venido de la Cordillera de
la Costa que, por lo gélido del agua, más bien parecía hielo derretido
y desprendido del Himalaya. Ese fue el sitio en donde nos bañamos.

Duramos como media hora metidos en un pozo casi congelado
y cristalino cual manantial. Ahí nos limpiamos y quitamos el fango.
Nuestro color de piel dejó de ser marrón oscuro y pasó a lucir una
tez aseada, lozana y cianótica, producto del estremecedor frío.

Tan pronto salimos del agua, nos cambiamos con la segunda
muda de ropa, lo que devolvió color y calor a nuestro cuerpo.

Una vez vestidos, peinados y secos, tomamos el autobús de regreso a Caracas. Dentro del transporte, yo preparaba unos sándwiches y también seleccionaba mentalmente los temas para una amena
tertulia con Mariana durante nuestro largo trayecto. Pero sucedió
todo lo contrario: el cansancio era tal, que más pudo el sueño que el
hambre. Ella se arrinconó en un par de butacas contiguas y permaneció dormida ahí toda la travesía.

Con enorme frustración me quedé hablando con el conductor,
el guía y uno que otro excursionista insomne sobre temas tan intere-

santes como la tasa impositiva del año fiscal en curso y los modelos de radiadores para camiones 350.

Arribamos a Caracas a las 5:45 de la tarde. Mariana escasamente abrió los ojos con el propósito de caminar hasta mi carro y volverse a dormir, mientras nos dirigíamos a su casa. En dicho momento, yo no poseía la más mínima idea acerca de la impresión que tendría con respecto a nuestra primera salida. Ante tantos sobresaltos, había un riesgo elevado de ser la primera y la única excursión con ella.

Estacioné al frente del porche de su residencia y la desperté por segunda vez en la tarde.

Antes de bajarse, Mariana mantuvo un mutis prolongado. Luego, señaló de manera pausada:

—No te invito a pasar a la casa porque estoy agotada, tengo hambre y deseo dormir. —Después agregó:

—¿Sabes qué? Ha sido uno de los paseos más fascinantes que haya tenido en mi vida. Gracias por esta maravillosa experiencia ecológica y espero, de verdad, que volvamos a salir juntos.

Se acercó y me dio un beso rápido en la mejilla, a escasos milímetros de mis labios. Después de eso y sin añadir otra frase más, se fue por el medio del porche.

El vehículo que yo presumiblemente manejaba tomó la ruta hacia mi casa, creo que, por acción y milagro de un conductor fantasma, porque yo no atinaba a pensar ni a decir nada. En aquel estado de embriaguez traté de buscar alguna frase entre los tesoros escritos por Pablo Neruda, Mario Benedetti o el mismo García Márquez, con el fin de dar respuesta al sueño despierto que estaba viviendo. Pero no fue posible. Paradójicamente, quienes me dieron refugio en esos instantes fueron autores de obras en idioma inglés tales como Jane Austen, Ernest Hemingway o Mark Twain.

DASEFÍOS SOBRE EL TECALDO / Alejandro Prado Jatar

Durante varios minutos estuve recordando las frases más célebres que estos escritores le habían dedicado al tema del amor. Encontré muchas y combiné decenas de ellas para así concebir algo definitivo. Un sinnúmero de verbos, pronombres, artículos, adjetivos, adverbios, sujetos y predicados se concentraron en una sola palabra triunfal y final.

En perfecto inglés y en voz alta exclamé: —*¡Yeeeeees!*

LA INSOSPECHADA MANERA DE
HACERSE NOVIOS

Voy a iniciar mi narración con algo que, a primera vista, no tiene afinidad con el relato. Es una escena a destiempo y sin nexo alguno con el título principal de la historia. Sin embargo, ya sabrán cuán importante será para el argumento de este cuento.

Parte I. LA CÁTEDRA SIN AULAS.

El día antes de efectuarse la primera clase, con la cual se inauguraba la bella Universidad de Los Llanos Ezequiel Zamora (UNELLEZ) de Barinas, me encontraba solo en la casa donde había fijado mi residencia estudiantil. Para esa época, Barinas era una ciudad de modesto tamaño, con muy pocos y desconocidos sitios de entretenimiento. En particular, para quienes éramos unos recién llegados.

A fin de romper con esa tristeza y aburrimiento, tomé un autobús y me fui a la sede de la UNELLEZ a conocer sus jardines. Era un domingo soleado y muy caluroso. Todo un contraste si se comparaba con la vista que brindaba la adyacente Cordillera de Los Andes, con sus gigantescas montañas cubiertas de nieve.

Llegué al Rectorado y me puse a caminar por sus extensos pasillos. Ahí me encontré con un jardinero, quien hacía algunos últimos retoques para el evento inaugural de la mañana siguiente. Era un señor mayor, pero en muy buena forma, ya que movía sin mucho esfuerzo unos pesados porrones.

Siendo los únicos en ese largo corredor, pues lo más normal fue que nos saludáramos e iniciáramos un diálogo relacionado con las plantas del sitio. Al final de la conversación, le dije que iba a continuar mi recorrido para aprovechar que el día estaba despejado y luminoso. Él, cordialmente, me interrumpió y advirtió:

—Váyase pronto a su casa porque va a caer un diluvio.

Respondí que sí, pero sin prestarle mucha atención. Tomé una vereda llena de palmeras e inmediatamente pensé: «No hay ni media nube en el cielo y este señor me dice que va a llover ahorita. ¡Qué molleja[41]! La insolación lo tiene delirando», y continué mi camino por el frondoso jardín de la UNELLEZ, cual petulante estudiante preuniversitario que cree saberlo todo.

A duras penas pude llegar a casa, luego de sobrevivir al desencadenamiento de una tempestad monumental y repentina inundación

---

41. Molleja: Expresión de carácter superlativo o de exageración. Muy usada por la gente originaria del estado Zulia, Venezuela.

que se suscitó en el transcurso de esa misma tarde.

A la mañana siguiente, y antes de ir a mi inicio formal de clases, pasé por el Rectorado y busqué al señor de los porrones. Él fue quien me vio primero; se acercó a saludarme y luego preguntó:

—¿Pudo llegar a tiempo a su casa y sin mojarse?

—Claro que sí. Gracias por el consejo. Regresé apenas usted me advirtió—le hice saber, mirando al techo del edificio para así esconder la mentira.

—Por cierto, ¿cómo supo predecir la lluvia de ayer? Se lo pregunto porque el cielo estaba totalmente despejado —indagué con admiración.

Con voz enfática el jardinero respondió:

—Cada vez que salga de su casa, tiene que observar si ha aumentado mucho la altura de los conos de las entradas de los hormigueros.

Acto seguido, completó: —Cuando está por caer un aguacero, las hormigas elevan los bordes de los accesos de sus colonias para proteger y evitar que se inunden los túneles. Trasladan y suben muchos granos de tierra desde el fondo, para hacer que los conos actúen como diques de contención. Son las hormigas las que me indican si va a llover o no.

¡Quién lo hubiera dicho! Mi primera clase universitaria había sido dictada por el jardinero de la UNELLEZ. Fue un magistral recital académico de ecología, mecánica de fluidos, entomología, climatología y ética universitaria, sin la presencia de libros, ni pizarrones ni pupitres.

En definitiva, la clase había sido dada por la persona correcta y yo había llegado al lugar correcto.

Parte II. FRECUENCIA VERSUS INTENSIDAD.

Ahora sí. Vamos a lo que quiero contar.

Luego del éxito de la primera cita ecológica con Mariana en aquel viaje realizado dentro de la cueva llena de murciélagos, mi registro de salidas con ella había logrado alcanzar un avance contable. Se acumularon varias excursiones a sitios naturales, algunas asistencias al cine, así como también diversas celebraciones de eventos familiares.

La frecuencia era alta, pero el compromiso con ella aún era muy superficial. Si bien era cierto que ya formaba parte del afecto de Mariana, también tenía la idea que yo apenas estaba ubicado en la periferia de su corazón. Suena muy bonito, pero eso quiere decir que todavía 'no me paraba mucho'.

Con el fin de asegurar una mayor conquista, la táctica de frecuencia debía ser cambiada por una acción intensa y prolongada. En otras palabras, había que buscar la forma de tener una salida que fuese por varios días continuos y sin separarme de ella.

Se presentó la oportunidad gracias a una invitación casual de excursión que nos hizo Perucho, un buen amigo y compañero de trabajo. El plan de él consistía en armar un grupo de aprendices de buceo para ir a pasar tres días en el Archipiélago de Los Roques. Particularmente, en una isla sin ningún asentamiento humano.

Se conformó un equipo de nueve personas. Todos colegas de trabajo: Perucho y su novia Luisana, Sandro e Ifigenia, quienes también eran pareja, y un grupo de "solteros" compuesto por Ima, la Maracucha, Mariana, Marcio y este servidor.

Sin complicaciones y con mucho ímpetu, se seleccionó el plan e itinerario marino.

La salida hacia Los Roques se efectuó a través del Aeropuerto de Maiquetía. Ahí abordamos un par de viejas avionetas famélicas, dentro de las cuales nos sentamos muy apretujados. Milagrosamente, ambas aeronaves alzaron vuelo y recorrimos el Mar Caribe por un lapso de treinta minutos.

De manera tambaleante, arribamos a la minúscula pista de la isla El Gran Roque, el único sitio del archipiélago poblado por seres humanos en un radio de 80 millas náuticas a la redonda.

Con antelación, Perucho ya había hecho contacto con unos pescadores, quienes nos trasladarían a una isla distante y con varios arrecifes ideales para bucear. En tan solo cuarenta minutos, todo el grupo estaba montado en un peñero grande (eso es un bote de madera con motor fuera de borda) y salimos con dirección a la Isla de Noronquí, nuestro destino de excursión y permanencia por un periodo de tres días.

Noronquí es uno de los tantos islotes áridos y solitarios del Archipiélago de Los Roques. Al llegar al sitio, los únicos habitantes terrestres que nos dieron la bienvenida fueron las lagartijas y las hormigas. Los demás seres vivientes y móviles de ese lugar volaban o nadaban.

Parte III. ASENTAMIENTO Y PEZCA.

Luego de haber sido dejados por la embarcación, lo primero que hicimos fue buscar el sector en donde se iba a instalar el campamento. A unos 100 metros distanciados de las dunas y de los bancos de arena de la playa encontramos un sitio con los únicos arbustos de la isla, debajo de los cuales al menos existía algo de sombra. Era una hondonada moderadamente limosa, y ahí se decidió instalar la carpa que trajo Marcio.

El refugio móvil de Marcio parecía más bien una tienda de vender legumbres, ocumos y ñames en cualquier mercado popular de la provincia. Era un mamotreto enorme, con un toldo en la entrada y dos áreas internas separadas entre sí. En uno de los espacios de esa tienda se guardaron todas nuestras provisiones (agua, comida, cocina portátil, varias cavas, etc.) y en ese mismo sitio también iba a dormir Marcio. Las chicas 'solteras' (Ima, la Maracucha y Mariana) dispusieron de la otra área de la tienda para usarla como ropero y dormitorio.

Faltaban por instalar la carpa de Perucho y Luisana, la de Sandro e Ifigenia y el solitario refugio de quien escribe este cuento.

Decidimos postergar la colocación de las tiendas restantes porque todos los integrantes del grupo masculino resolvimos salir primero a pescar y traer una cosa sustanciosa para la cena. Algo así como mero, lebranche o jurel.

Regresamos al campamento después de dos horas. Apenas nos quitamos nuestras alforjas de 'snorkeling' e instrumentos de buceo, las chicas preguntaron:

—¿Qué tal estuvo la pesca? ¿Qué trajeron de comida?

El primero en hablar fue Perucho:

—Yo pude conseguir algo para Luisana y para mí —comentó él, al tiempo que metía una mano dentro del saco de las chapaletas. De allí sustrajo una curvina del tamaño de un cepillo de dientes.

Luisana, muy sorprendida por el magro resultado, de inmediato contestó:

—Con eso que pescaste no se rellena ni siquiera un tequeño[42].

---

42. Tequeño. Aperitivo venezolano. Es una barrita de queso envuelto en una masa de harina de trigo, que luego se hornea o se fríe.

Ifigenia tampoco se quedó atrás. Dirigió su mirada a Sandro y preguntó:

—¿Y tú qué trajiste de cena?

—Yo sí tengo algo aquí para que comamos todos —confesó Sandro. Y de su morral de chapaletas desenfundó un abrelatas.

Cinco latas de atún fueron destapadas y vertidos sus contenidos sobre dos paquetes de espaguetis que recién habían sido hervidos por Ima. Todos cenamos pasta hasta la saciedad, en tanto que Perucho solo comió masa para hacer tequeños, pero con olor a curvina.

La cena concluyó mucho antes de la hora del crepúsculo. Esto nos dio tiempo para que Perucho, Sandro y yo pudiéramos escoger, con suficiente luz solar, los lugares en donde ubicar nuestras carpas.

Antes de insertar en el suelo el primer anclaje de mi tienda, observé que las hormigas autóctonas de esa hondonada trabajaban frenéticamente para alzar los conos de acceso de sus túneles.

—Esas vainas no estaban así de grandes cuando nosotros llegamos —dije yo en voz baja.

Parte IV. EL ARCA DE NOÉ.

Ya Perucho y Sandro habían terminado con la instalación de sus respectivas tiendas. Las mismas fueron colocadas diagonales al refugio de Marcio. Eran unas imponentes y brillantes figuras de iglúes, que hacían un fuerte contraste cromático con el suelo blanquecino de la hondonada. Una carpa era azul zafiro y la otra era verde oliva.

Estando todos juntos, advertí al grupo que era posible que lloviera copiosamente en la noche. Además, me atreví a recomendarles que moviéramos e instaláramos todas las tiendas en la duna cercana.

No me dieron el tiempo necesario para agregar ni una palabra más. Cuando estaba explicando:

—Es que las horm… —me cortaron, sin derecho a finalizar mi advertencia.

—Tú estás loco de bola —sentenció el grupo, interrumpiendo de este modo cualquier avance de riesgo.

—Mira, Alejandro. Estas islas son uno de los lugares más secos de Venezuela. Aquí apenas llueve dos o tres veces al año —exclamó Perucho.

Sandro dijo: —Serás muy experto en ambientes llaneros, pero en materia de mar, islas y costas, tú estás más confundido que gallo en corral ajeno.

—Con este cielo tan despejado, primero pasa por aquí un carrito de helados que un aguacero —remató Marcio.

Luego comenzaron las bromas de las chicas:

—Allá viene un triciclo de Helados Tío Rico —señaló Ima.

—Yo quiero un bati-bati, pero te puedo dar el chicle —añadió la Maracucha.

—¡Observa bien por la otra orilla! Es un camión de Helados Efe. Me voy a comprar una barquilla —agregó Ifigenia.

—Pregunta si tiene pastelado con sabor a curvina —completó, riéndose, Luisana.

Mariana fue la única que se abstuvo de hacer algún comentario. Con tantas excursiones de campo y conocimientos ecológicos compartidos, al menos ella, con su silencio, daba algo de crédito a lo que traté de alertar.

Me fui solo a la duna a instalar mi carpa color rojo lavado (más bien rojo gastado de tanto uso). Introduje el doble de anclajes de lo que usualmente utilizaba en condiciones de fuertes vientos. Coloqué un sobretecho en el tope de la tienda, y además le puse cuatro tirantes por si acaso la lluvia venía con brisa cruzada.

A distancia escuché a Perucho decirle al grupo:

—Allá en la duna todavía está Alejandro haciendo su tienda. Se parece a Noé construyendo el arca. Lo único que falta es que venga un diluvio.

Acto seguido, las risotadas de ellos estremecieron el apacible y enigmático silencio de la isla.

Luego de terminar la colocación de mi refugio rojo, bajé a la hondonada a reunirme con el grupo. Ahí pasamos una velada muy agradable al frente de una fogata. Además, no se volvió hablar más del tema de cambiar el sitio del campamento.

El cansancio fue atrapando a cada uno de los excursionistas. El primero en retirarse a dormir fui yo. Los otros, en un lapso de una hora, también sucumbieron al agotamiento del viaje y al paso de la media noche.

Solitario en la duna y cerrando la cremallera de mi tienda, pronuncié la misma frase que, según la tradición, dijo Noé ante los incrédulos habitantes de Mesopotamia, cuando observándolos desde su embarcación (ya con todos los animales dentro), dio la orden de subir la rampa del arca.

Haciendo algunos pequeños cambios sobre el léxico original, señalé:

—Pues ahora, que se jodan.

Parte V. PARA NO QUEJARSE MÁS.

¡FFFSSSHHH¡, ¡PLIN-PLIN-PLIN-PLIN!, ¡TRUAAA! Otra vez: ¡FFFSSSHHH!, ¡PLIN-PLIN-PLIN-PLIN!, ¡TRUAAA!... Y así sucesivamente.

Eso fue lo que empezó a oírse con estridencia desde las 3:15 de la madrugada. A partir de dicha hora, vientos huracanados, grandes gotas de lluvias y persistentes relámpagos azotaban la isla. Era como si el agua estimada para precipitarse durante una década estuviese cayendo, toda ella, en un mismo momento.

Desde dentro de mi tienda escuchaba aquel concierto diluvial, al tiempo que me arropaba con una cobija porque la temperatura había descendido súbitamente a 18 grados centígrados. Como el ruido era tan ensordecedor, me desperté otra vez y abrí con cuidado el cierre de mi carpa para ver, con ayuda de la luz de los relámpagos, cómo estaban los compañeros de la hondonada.

Los iglúes de Perucho y Sandro habían perdido las gloriosas y distinguidas figuras exhibidas durante la tarde anterior. Ahora estaban convertidas en unas estrafalarias y desinfladas ciruelas pasas. Perucho y Sandro, emparamados como nutrias, hacían un esfuerzo encomiable para lograr alguna verticalidad honrosa de sus carpas enjutas. Simultáneamente, Luisana e Ifigenia trataban de salvar la poca ropa seca que les quedaba, metiendo sus prendas de vestir en cavas y bolsas plásticas.

Observé también que la tienda de Marcio se hallaba inundada. De la entrada de esa carpa emergieron flotando varias cosas: la bombona de propano de la cocina portátil, tres paquetes de espaguetis, una caja de toallas sanitarias y dos bolsas de pan de sándwiches. En ese instante, una ventisca hizo colapsar la zona del cuarto de las muchachas.

A los pocos segundos, ellas gritaron:

—¡Marcio!... Se cayó el techo de esta ñoña.

El dueño de la desbaratada tienda tuvo que, literalmente, quitarle la cubierta de sus propias narices y, cuando pudieron salir, todas las chicas debieron ayudar a Marcio con la colecta de los objetos flotantes.

Mientras eso ocurría, Perucho echó una mirada hacia donde estaba mi carpa y exclamó con sorpresa:

—¡Noxod@¡ ... Mira la carpa de Alejandro. ¡Se ve enterita!

—De bola que está entera. Esa vaina parece más bien un fortín —irrumpió la voz de Sandro entre centellazos y truenos.

Las chicas terminaron de recoger y acopiar los enseres dispersados por el agua. Luego trataron de refugiarse del chubasco, apiñándose en la media carpa que todavía se mantenía levantada. Pero era inútil, ya que el viento cruzado introducía la lluvia dentro de la tienda como si fuese un chorro de agua propulsado por la manguera de un camión de bomberos.

En medio de la carpa, todas las muchachas discutían con Marcio el modo de resolver la incómoda situación. Algo así como mover la tienda grande hacia la duna del frente, mirando todos ellos en ese instante el refugio rojo que se iluminaba con los relámpagos, mostrándose erguido sobre dicho montículo de arena.

—Esto no me lo calo más. Yo fui la única que no voté por quedarme en este sitio. Además, seguro que Alejandro me va a dar algún espacio en su carpa. Así que, permiso —dijo Mariana, poniéndose una manta encima de la cabeza y saliendo con destino a la duna.

Mientras yo estaba seco, confortablemente acostado y haciéndome el dormido, llegó Mariana al frente de mi carpa y comenzó a llamarme:

—¿Alejandro, estás despierto?... Alejandroooo.

Mi respuesta fue: .... (esos puntos significan silencio absoluto).

Ella siguió insistiendo y llamando unas dos o tres veces más, hasta que, haciéndome pasar por recién despierto y sorprendido, respondí:

—¿Quién es? ¿Qué pasa? ¡Ya va!

—Soy yo, Mariana. Por favor, abre un momento.

—¡Ah, eres tú! Perdona que no te haya oído antes, pero es que no escuché el timbre de la puerta —comenté, así como para poner algo de humor en ese instante.

Tuve la ligera impresión de que ese argumento no fue del todo bien recibido, ya que ella, sin paciencia alguna, agregó tajantemente:

—¡Qué timbre del coño! Abre esta vaina, porque me estoy mojando.

Parte VI. EL COMIENZO.

—¡Claro! Entra rápido —esa fue mi respuesta apresurada para enmendar el chiste anterior, anulado por posición adelantada.

—La tienda de Marcio es un perfecto manantial, y el agua se metió hasta en nuestros huesos. Los iglúes de Perucho y Sandro ahora flotan en medio de un lodazal —describió Mariana, como si fuera una corresponsal de CNN narrando la escena de una inundación.

—¡Qué barbaridad! No sabía nada porque estaba dormido —comenté yo, a manera de asombro.

Luego, cual actor salido de las mejores academias de teatro, dije:

—Voy a ir para allá a ver si requieren asistencia.

Antes de hacer un intento fingido de caminar hasta la hondonada, me paré en la entrada de mi carpa, y, en voz alta, indagué:

—Marcio, Perucho, Sandro, muchachas; ¿necesitan alguna ayuda?

Al unísono, el orgullo y la autosuficiencia respondieron por ellos. Entre el ruido de las ventiscas y los truenos, se escuchó fuerte y claramente:

—Para nada. Todo lo tenemos controlado.

Un par de minutos después, me atreví a romper el mutis dentro de la carpa roja.

—Bueno, Mariana, por lo visto aquellos ya superaron sus dificultades. Será mejor que te quedes conmigo. Aquí la tienda está seca, cómoda y los dos cabemos dentro de mi cobija —le exhorté con un innegable interés oculto.

—Me parece bien. Gracias. —convalidó la recién llegada.

«Listo... La premiación servida». Eso fue lo que honradamente pasó por mi mente. Pero mejor no sigo porque ustedes, los lectores suspicaces, pueden tener una interpretación muy errada sobre mis nobles, desprendidos y abnegados gestos de colaboración por la prójima y apremiada damnificada.

Un rato después, la tempestad fue reduciendo, de forma paulatina, su intensidad.

Compartiendo la única almohada y la misma cobija, Mariana preguntó:

—¿No vas a cerrar la carpa? Todavía se mete la lluvia.

Al tomar el cierre de la entrada, le contesté:

—Por cierto, es la primera vez que dormimos juntos.

De inmediato, ella aclaró:

—Sí, pero solo vamos a dormir. O sea, a 'DOR-MIR'... ¡Nada más!

Luego de sellar la puerta y antes de conciliar el sueño, le susurré al oído:

—Al menos esto ya es un gran comienzo.

Durante el par de fechas siguientes, ambas noches fueron testigos de dos generosas lluvias, pero de estrellas fugases, porque el cielo estuvo totalmente despejado. Sin una sola nube en su cenit, ni tampoco nieblas en el horizonte. En tanto que, la protagonista de esta historia siguió acompañándome en la célebre, sólida y resistente carpa de la duna.

Y ha continuado así, deseando yo que sean por muchos, muchos, muchos años más, amén.

....

Mi agradecimiento especial a:

* Las hormigas, por sus sensores barométricos.

* Al señor jardinero de los porrones, por su magistral clase.

* A Perucho, Luisana, Sandro, Ifigenia, Ima, la Maracucha y Marcio, por ser los mejores aventureros que cualquier excursionista pudiera tener.

* A los ángeles celestiales y a la Santa Providencia, por haber enviado una milagrosa y oportuna lluvia de agua bendita, de fe y de amor, tan anhelada por mí.

¿Y QUIÉN ES EL AUTOR?

Alejandro Prado Jatar es un ingeniero que se ha dedicado a la investigación científica. Tras obtener su máster en Ingeniería Sanitaria y Ambiental, ha liderado proyectos enfocados en el uso apropiado y la conservación de los recursos naturales renovables, el control de la contaminación ambiental y la sostenibilidad de diversas fuentes de energía, además de ofrecer asesoría técnica en estos campos.

En el 2016, escribió su primer libro, *"Dasefíos sobre el tecaldo"*. Por favor, lean el título otra vez a ver si notan sus errores. La obra fue hecha como parte de un ensamblaje de historias de humor y reflexión, con el propósito de retar la dislexia del autor de una manera divertida.

Con su segundo libro, en 2019, Alejandro volvió a afrontar su dislexia para confesar las peripecias y complicados eventos que se suscitaron, desde que conoció a Mariana, su esposa, hasta que ambos contrajeron matrimonio. Él tomó la decisión de hacer el compendio *"Los milagros existen. Uno de ellos se llama Mariana"*; y lo escribió como obsequio especial para celebrar su vigésimo quinto aniversario de bodas.

En 2020, se enfrascó en un proyecto literario bastante provocador. Concebir una novela, saliendo del género del humor y entrando en el complejo mundo de la historia política, los golpes de Estado, el exilio y la clarividencia. Es así como llega a la publicación de *"La trinidad del tiempo"*. Una perfecta bisagra entre el mundo racional y la realidad virtual.

Dentro del lapso comprendido de 2022 y 2024, el autor logró juntar varios de sus trabajos compartidos durante su estancia en el reconocido Taller Literario de Palabreros. La enriquecedora experiencia y lo aprendido entre ese selecto grupo de escritores hispanoamericanos radicados en los Estados Unidos, lo estimuló a dar vida a su más reciente obra: *"Cuentos breves para una larga espera"*, una lectura ideal para viajes muy extensos. Algunos de esos textos han formado parte de varias antologías literarias sobre relatos y ensayos de diferentes géneros.

Alejandro es venezolano de nacimiento y, luego de vivir por casi veinte años en los Estados Unidos, se mudó a Valencia, España, en donde comenzó una nueva etapa de retiro activo. Sobre todo, activo en sus trabajos literarios enfocados a promover la actualidad científica, la conservación ambiental, el voluntariado comunitario, la protección de la biodiversidad, el buen humor y la rebeldía de combatir su dislexia a través de la escritura.

Postdata: Los dibujos que acompañan casi todos sus libros han sido hechos por el autor.

Esta edición de *Dasefíos sobre el tecaldo* de Alejandro Prado Jatar, fue realizada en la ciudad de Caracas en el mes de octubre del año dos mil vienticinco.

www.ingramcontent.com/pod-product-compliance
Lightning Source LLC
LaVergne TN
LVHW011157080426
835508LV00007B/457